CliffsNotes™

오셀로

Othello

윌리엄 셰익스피어

다락원　WILEY
Publishers Since 1807

세계의 교양을 읽는다

고전을 왜 읽는가?

인간의 삶과 세상에 대한 영원한 물음이 있기 때문이다. 시대와 사상을 뛰어넘어 지금 여기 우리에게 필요한 물음이 없는 고전은 더이상 고전이 아니다. 인간과 삶에 대한 근원적인 물음 없이 고전을 읽는다면 자신과 인간에 대한 성찰과 지혜로 이어지지 않는다. 논술 시험 때문에, 과제물 때문에, 아니면 남들이 읽으니까, 나도 읽는다는 식이라면 그 책은 죽은 책일 수밖에 없다.

고전을 살아 있는 책으로 만드는 이 '물음!'에 답하기 위해서는 좋은 길잡이가 필요하다. 40년 이상 미국의 고교생과 대학 주니어들이 시험, 에세이 작성, 심층토론 준비를 위해 바이블처럼 애용해온 'CliffsNotes'와 'SPARKNOTES'는 바로 그런 좋은 길잡이의 표본이다. 이 두 시리즈가 원조 논술연구모임인 '일이관지(一以貫之)' 팀의 촌철살인적 해설을 곁들여 〈다락원 명작노트〉로 재탄생해 논술로 고민중인 대한민국 학생 여러분을 찾아간다.

CliffsNotes와 SPARKNOTES의 가장 큰 장점은 방대하고 난해한 고전을 Chapter별로 요약하고 분석해서 원전의 내용에 보다 쉽고 체계적으로 접근하는 신속·간편성이라고 할 수 있다. 여기에 '一以貫之'팀이 원전의 중요한 문제의식, 즉 근원적 '물음'은 무엇이며, 그 '물음'은 오늘날에도 여전히 유효한가, 라는 질문을 다시 던진다.

대입논술로 고민하고, 자칭 타칭의 고전이 넘쳐나는 오늘의 독서풍토에서 지적 정복이 긴박한 대한민국 학생들에게 감히 이 시리즈를 자신있게 권한다.

一以貫之 논술연구모임 연구실장 이호곤

차례

CliffsNotes와 SPARKNOTES는 방대한 원작을 보다 쉽게 이해할 수 있도록 돕는 안내서입니다. 원작 이해를 돕기 위해 작가와 작품에 대한 배경 지식, 그리고 매 장마다 간단한 '줄거리'와 '풀어보기'가 실려 있습니다. '줄거리'를 통해서는 원작의 내용을 명쾌하게 파악함으로써 독서의 즐거움을 느낄 수 있을 것입니다. '풀어보기'에는 원작에 담긴 문학적 경향, 등장인물의 심리상태, 시대상, 주제 등을 설명해 놓았습니다. 비판적 글읽기의 바탕이 되는 요소들이죠. 비판적 글읽기는 소설과 비소설 작품을 막론하고 책을 읽을 때 꼭 필요한 자질입니다.

그 밖에도 작품을 좀더 심오하게 분석할 수 있도록 '마무리 노트', 'Review' 등을 마련해 놓아 독자 여러분의 글읽기를 돕고 있습니다.

CliffsNotes에는 특히 관심을 갖고 읽어야 할 필수요소를 강조하기 위해 다음 네 가지 아이콘을 사용하고 있습니다.

 작품 속에 내재된 주제를 드러내줍니다.

 등장인물의 속내를 알 수 있도록 도와줍니다.

 배경, 분위기, 열정, 폭력, 풍자, 상징, 비극, 암시, 불가사의 등의 요소를 밝혀줍니다.

 단어와 문구의 미묘한 느낌을 감상할 수 있도록 해줍니다.

* 〈 〉는 장편소설, 중편소설, 논픽션, 시집. "   "는 수필집, 단편소설

❍ 일이관지(一以貫之) 논술 노트

권말에는 一以貫之 논술팀에서 작성한 논술 노트가 실려 있습니다. 원작을 우리의 삶과 연계시켜 비판적 사고와 논리적 글쓰기의 방향을 제시합니다.

❍ 실전 연습문제

실전 연습문제를 통해서는 원작을 바탕으로 출제 가능성이 높은 논점을 함께 숙고해 봅니다.

작가 노트

작가의 생애

　　윌리엄 셰익스피어 William Shakespeare의 생애와 이력에 관해서는 사실과 전해지는 이야기, 추론 등을 모아 엮은 책이 수없이 출판되었다. 우리는 이런 자료들을 통해 다소 부족하나마 영국의 으뜸가는 극시인(劇詩人)의 면모를 엿볼 수 있다. 오늘날 학자들이 16세기 작은 시골 마을의 중류 계급 출신인 셰익스피어의 런던 생활에 관해 꽤 많이 알고 있다는 것은 다행스러운 일이며, 그가 37편의 희곡 대부분을 썼다는 것을 증명하기에 충분하다고 할 수 있겠다.

　　윌리엄 셰익스피어의 정확한 탄생일은 알려져 있지 않지만, 그의 세례는 1564년 4월 26일 수요일에 있었다. 아버지 존 셰익스피어는 스트랫퍼드어폰에이번에서 무두장이, 장갑 제조업자 겸 곡물상이었으며, 나중에 시장을 지내기도 했다. 어머니 메리는 부농(富農)의 딸이었다. 셰익스피어 가족은 헨리 가에서 살았다.

　　1582년 11월 28일자로 작성된 결혼증명서에 따르면, 윌리엄 셰익스피어는 그날 앤 해서웨이와 결혼했다. 첫 아이 수잔나는 1583년 5월에 세례를 받았다. 그로부터 1년 9개월 뒤 쌍둥이 햄닛과 주디스가 태어났다.

　　윌리엄 셰익스피어는 1596년에 부친 명의로 계보문장원(系譜紋章院)에 가문(家紋)을 신청해, 문장을 받은 것으로 보인다. 왜냐하면 그가 1599년에 다시 가족 문장에 어머니 집안의 문장을 겹쳐 사용할 권리를 신청했기 때문이다. 셰익스피어의 어머니는 친정아버지의 가문을 사용할 권리를 부여받았으나 존 셰익스피어가 공식적으로 귀족 신분을 갖기 전에 결혼함으로써 그 특전을 상실했었다.

1601-02년 사이 셰익스피어는 런던에서 크리스토퍼 마운트조이의 집에 유숙했다. 얼마 후 마운트조이와 그의 사위 간에 혼인에 따른 재산 양도 문제로 분쟁이 일어나 일련의 소송이 벌어졌고, 1612년 법원 서기가 이 사건과 관계된 셰익스피어의 증언을 기록한 것이 있다.

그 다음 기록은 스트랫퍼드 주민 존 쿰이 1614년 7월 12일 사망했을 때 나온다. 셰익스피어의 친구인 쿰이 유산 가운데 5파운드를 그에게 물려주었던 것이다. 이런 기록들이 중요한 이유는 스트랫퍼드와 런던에서 윌리엄 셰익스피어라는 사람이 실제로 살았다는 사실을 증명해 주기 때문이다.

윌리엄 셰익스피어는 1616년 3월 25일 유언장을 수정했고, 4월 23일 세상을 떠났다. 그의 유해는 스트랫퍼드 교회의 성단 내 제단 앞쪽에 안장되었다. 그의 묘비에는 약간 삐딱한 글이 새겨져 있다.

좋은 친구여, 제발 삼가주게나
여기 묻힌 나의 유골을 파내는 것을.

이 유골에 해를 입히지 않는 자에게 축복을.

나의 뼈를 옮기는 자는 철면피.

윌리엄 셰익스피어의 마지막 직계후손은 1670년에 죽은 손녀 엘리자베스 홀이다.

1564년부터 1616년 사이에 여기저기 흩어져 있는 이 같은 단편적인 정보들은 작가나 배우로서가 아니라 한 개인으로서 그가 존재했음을 입증해 준다.

극단 활동

1592년 9월, 극작가 로버트 그린은 한낱 배우에 불과한 셰익스피어가 자기들과 경쟁해 감히 극작가 행세를 한다고 비난하는 글을 남겼다. 1594년 셰익스피어는 엘리자베스 여왕 앞에서 연기를 했으며, 1594-95년에는 '체임벌린 경의 극단'의 주주가 되었다.

1599년에 글로브 극장의 공동소유자가 되었고, 1609년 초에는 동료들과 블랙프라이어스 극장을 사들여 겨울 공연장으로 사용했다.

셰익스피어가 그의 희곡(戱曲)들의 저자임을 증명하는 자료들 가운데 가장 인상적인 부분은 1623년 첫 쿼토* 판에

---

* **쿼토**(Quarto) : 희곡을 넷으로 접은 종이(4절)에 인쇄했기 때문에 나온 말.

게재된 헌시(獻詩)에서 존 헤밍과 헨리 콘델이 동료 배우의 희곡들을 모아 추모집을 출간한다고 언급한 대목이다. 당대의 많은 시인들도 셰익스피어에게 찬양시를 바쳤으며, 여기에는 동료 배우이자 경쟁자였던 벤 존슨의 시도 포함되어 있다.

이처럼 현존하는 사실들은 까다로운 평론가들도 그의 작품이라고 인정하는 희곡 37편의 저자이자 한 인간으로서 셰익스피어의 진면목을 증명하기에 충분하다고 하겠다.

작품 노트

작품의 개요

셰익스피어의 희곡은 이미 알려진 이야기나 역사적 사실을 바탕으로 한 것이 많다. 예를 들어 〈맥베스 *Macbeth*〉처럼 라파엘 홀린셰드의 〈스코틀랜드 연대기 *Chronicles*〉 같은 역사책에서 소재를 따온 것이 있는가 하면, 당시 발간된 책 속에 담긴 이야기를 중심으로 엮은 것도 있다. 비극 〈오셀로 *Othello*〉는 1604년에 탄생해 그 해에 무대에 올려졌지만 처음 출판된 것은 1622년이었다. 〈오셀로〉 역시 친시오의 〈헤카토미티 *Hecatommithi*(小話百集)〉에 실린 "언 카피타노 모로 Un Capitano Moro"를 기초로 했다. 셰익스피어가 어떻게 이처럼 단순한 내용의 줄거리를 각색해 흥미진진한 드라마로 만들었을까, 하는 점은 요즘 독자들도 궁금하게 생각할 것이다.

원전(原典)

원전 "언 카피타노 모로"는 여자쪽 부모의 반대를 무릅쓰고 아름다운 여인 데스데모나와 결혼한 이름 없는 무어인[*] 이야기다. 두 사람이 베니스에서 행복하고 살고 있는데 그 무어인이 사이프러스 요새에 파견되는 부대의 지휘관으로 임명된다. 그는 아내를 데리고 임지로 간다.

---

[*] **무어인**: 아프리카계 이슬람인으로 알려져 있음.

그런데 이 부대의 못된 기수(旗手)가 지휘관의 아내 데스데모나를 사랑하게 된다. 그는 무어인에게 이런 사실이 발각되면 죽을 것을 알면서도 데스데모나의 눈에 들기 위해 온갖 노력을 다하지만 일편단심인 그녀의 눈길을 끌지 못한다. 그는 데스데모나가 다른 사람, 즉 멋쟁이 젊은 대위를 사랑한다는 생각이 들자, 사랑은 심한 증오로 변한다. 그는 대위를 죽이고 데스데모나에게 복수할 계략을 꾸민다.

때를 기다리던 기수가 마침내 기회를 잡는다. 부하를 다치게 했다는 이유로 지휘관인 무어인이 대위의 계급을 강등시키자 데스데모나가 두 사람을 화해시키려 하는 것이다. 기수는 데스데모나가 대위의 복권을 바라는 것은 다른 속셈 때문이라고 넌지시 말한다. 이런 참에 아내가 대위의 강등이 지나치다고 말하자 무어인은 몹시 화를 내면서 속으로 기수의 말이 사실일지도 모른다고 생각한다. 기수가 대위에게서 데스데모나와 연애한다는 이야기를 들었노라고 말하자 무어인은 증거를 요구한다.

기수 부부에게는 세 살쯤 된 딸이 있다. 어느 날 기수 집에 놀러온 데스데모나가 그 아이를 무릎 위에 앉혀놓고 어르는 사이에 기수가 그녀의 손수건을 슬쩍 훔쳐 젊은 대위의 침대 위에 가져다놓는다. 나중에 데스데모나의 손수건을 알아본 대위가 돌려주러 간다. 노크 소리를 듣고 무어인이 문을 열어주자 대위는 도망치지만 무어인은 그를 알아본다.

그 뒤 기수는 무어인이 지켜볼 만한 위치에서 대위와 농담을 주고받으며 시시덕거린다. 나중에 무어인을 만난 그는 데스데모나와의 정사와 그녀가 대위에게 건넨 손수건에 대해 대위와 이야기를 나누었다고 전한다. 무어인은 그 손수건이 아내의 부정을 입증하는 것이라고 믿고 추궁하지만 아무것도 모르는 그녀는 묵묵부답이다. 아내를 죽이기로 결심한 무어인은 대위도 함께 죽이려고 기수와 일을 꾸민다.

기수는 큰돈을 받은 뒤 길가에서 숨어 기다리다가 칼로 대위를 공격해 다리에 상처를 입힌다. 데스데모나가 괴로워하는 대위를 보면서 눈물 흘리자 무어인과 기수는 모래를 채운 양말로 그녀를 살해한다. 그런 다음 그들은 천장을 받치는 썩은 나무를 빼내 지붕이 내려앉게 만들어 데스데모나가 사고로 숨진 것처럼 꾸민다. 무어인은 아내가 숨진 슬픔을 이기지 못해 기수를 외면하다가 내쫓는다.

기수는 이제 무어인을 파멸시킬 계략을 꾸민다. 부상으로 한쪽 다리를 절단한 대위와 함께 베니스로 돌아간 그는 무어인이 대위를 외다리로 만들고 데스데모나까지 죽였다고 고자질한다. 무어인은 체포되어 고문을 받지만 아무런 항변도 하지 않아 추방형을 받고, 나중에 데스데모나의 가족에게 살해당한다. 기수는 그 이후에도 못된 짓을 되풀이하던 중 체포되어 고문을 받다가 숨진다.

셰익스피어가 각색한 줄거리

셰익스피어는 〈오셀로〉를 쓰면서 몇 가지 방식을 통해 본래의 줄거리보다 긴장도와 극적인 효과를 높였다. 시간과 공간 중심으로 이야기를 전개시키는가 하면, 몇몇 장면에서는 동기의 이중성을 강조하기 위해 새로운 인물을 끼어넣은 것이 그런 경우다. 기수 이야고는 여러 가지 복합적인 이유 때문에 데스데모나보다는 오셀로를 파멸시키려고 한다. 로더리고는 어리석어서 이야고가 마음대로 주무르는 봉 노릇을 한다. 이 새로운 인물이 있기 때문에 이야고는 못된 계획을 독백이 아닌 대화 형태로 드러낼 수 있고, 또 사실을 터무니없이 조작하는 재주를 과시할 수 있다. 에밀리아는 남편 이야고와 그의 성격에 대해 계속 해설하듯이 전해 준다. 그녀는 아무것도 모른 채 손수건을 가져왔다가 데스데모나의 죽음을 초래하지만 나중에 이야고를 단죄할 정보를 적극적으로 제공한다.

셰익스피어는 이야기 끝부분도 크게 바꿔 마지막 극적인 장면에 복수와 사랑, 절망을 집중시킨다. 오셀로는 신혼의 침상에서 아내의 목숨을 빼앗지만 이내 진실을 알고는 절망적인 비탄에 빠지는 것이다. 셰익스피어의 오셀로는 혼자 아내를 살해한다. 그것도 얼굴을 마주보면서 목 졸라 죽인다. 마지막 순간까지 아내에 대한 사랑으로 고민한 것이다.

셰익스피어는 극적인 행위를 한 곳에 집중시키고 등장

인물들의 개성과 인생관을 확실하게 드러냄으로써 비극 속에 비장함과 아름다움을 함께 불어넣었다.

줄거리

무대는 강력한 도시국가 베니스. 베니스는 무역과 금융의 중심지이자 막강한 군사력을 보유한 것으로 유명하다. 이른 새벽, 두 사람이 원로원 의원인 브라반쇼의 집 앞에 서 있다. 브라반쇼의 딸 데스데모나가 무어인 오셀로와 눈이 맞아 도주했다는 소식을 전하기 위해서다. 이 두 사람은 데스데모나에게 구혼했던 청년 로더리고와 기수 이야고이다. 이야고는 오셀로가 자신을 승진 대상에서 누락시켰다고 생각하고 있다.

오셀로에게 앙심을 품은 이야고는 오셀로와 데스데모나의 비밀결혼 소식을 브라반쇼에게 전한 뒤 로더리고를 남겨둔 채 먼저 그 자리를 떠난다. 로더리고를 통해 그 사실을 브라반쇼에게 확인시켜주기 위해서다. 이어 이야고는 오셀로를 만나 우정 때문에 걱정할 수밖에 없다는 표정을 지으며 브라반쇼의 반응을 전한다. 브라반쇼와 오셀로, 데스데모나가 베니스의 군주인 대공 앞에 선다. 브라반쇼가 교묘하게 농간을 부려 딸을 꾀었다고 오셀로를 비난한다. 그러자 오셀로는 자신의 모험담을 들려주어 데스데모나의 마음을 사로잡았다고 설명하고, 데스데모나도 자진해서 오셀로를 따라갔고 사랑하기 때문에 결혼했다고 말해 원로원 의원들을 납득시킨다.

대공이 오셀로를 투르크(터키)의 침공을 막을 방위군 사령관으로 임명함에 따라 오셀로는 곧 사이프러스로 떠나야 할 처지다. 데스데모나가 오셀로와 함께 사이프러스에 갈 수 있도록 해달라고 대공에게 요청한다. 대공의 허락이 떨어지자 이야고를 믿을 만한 친구로 잘못 생각한 오셀로는 나중에 그와 그의 아내 에밀리아가 데스데모나와 함께 다른 배를 타고 오도록 조치한다. 이야고는 로더리고에게 데스데모나가 곧 오셀로에게 싫증을 느낄 것이니 그녀를 따라 사이프러스로 가야 한다고 설득한다. 이야고는 오셀로를 파멸시키기 위해 카시오도 이용하기로 마음 먹는다. 그는 카시오가 자신의 승진 기회를 가로챘다며 몹시 못마땅하게 생각하고 있다.

사이프러스에 도착한 이야고는 교묘한 방법으로 오셀로가 데스데모나의 정절을 의심하도록 만들면서 카시오가 그녀의 정부인 양 넌지시 알린다. 이야고는 또 로더리고와 카시오의 싸움을 부추겨 카시오가 강등당하도록 만든다. 데스데모나를 통해 오셀로에게 사정을 잘 말하면 본래 계급을 되찾을 수 있으리라 생각한 카시오는 이야고의 주선으로 데스데모나와 몰래 만난다. 카시오를 만난 데스데모나는 두 사람이 화해하도록 이야기를 잘 해주겠다고 약속한다.

카시오가 떠날 때 이야고와 오셀로가 나타난다. 오셀로가 급하게 떠나는 카시오의 모습을 지켜보자, 분위기를 간파한 이야고는 카시오가 오셀로를 피하려는 것 같다고 말한다. 약속한 대로 데스데모나는 남편에게 카시오를 용서하라고 열심히 부탁한다. 그녀는 딴 생각에 골똘히 빠져 있던 오셀로가 고개를 끄덕일 때까지 계속 간청할 기세다. 그러나 데스데모나와 에밀리아가 자리를 뜨자마자 이야고는 오셀로의 마음속에 의심과 억측의 불을 지피기 시작한다.

　도무지 갈피를 잡을 수 없고 불안한 오셀로는 나중에 이야고에게 데스데모나가 바람을 피운다는 증거가 있느냐고 묻는다. 그 후 이야고는 데스데모나가 모르고 떨어뜨린 손수건을 이용해 오셀로에게 아내의 부정을 믿게 만들고, 또 오셀로가 지켜볼 만한 위치에서 아무것도 모르는 카시오와 대화를 나눔으로써 그의 의심을 더욱 부채질한다. 아내의 배신을 확신하고 분노와 슬픔에 젖은 오셀로는 앞뒤를 헤아리지 못한 채 곧바로 행동에 나서, 자신은 데스데모나를 죽이고 이야고는 카시오를 처치하기로 약속한다.

　데스데모나의 끈질긴 부탁은 오히려 남편에게 외도를 확인시켜주는 꼴이 된다. 그가 외도를 꾸짖자 영문을 모르는 그녀는 그저 사랑한다는 말로 남편을 진정시키려고 한다.

　한편, 어리숙한 로더리고는 데스데모나에 대한 희망을 모두 버렸지만 이야고가 카시오를 죽이라고 부추기자 기대가 되살아난다. 그날 밤 늦은 시간, 이야고와 로더리고는 거리에서 카시오를 공격하지만 오히려 카시오에게 로더리고가 상처를 입는다. 이야고가 달려들어 칼로 카시오의 다리를 찌른다. 카시오의 비명 소리를 들은 오셀로는 절반의 복수가 이뤄진 것으로 착각하고 자신이 맡은 나머지 부분을 매듭짓고자 서두른다.

　　오셀로가 들어설 때 데스데모나는 침대에 누워 있다. 그는 아내에게 영혼까지 죽일 생각이 없으니, 마지막 기도를 올리라고 말한다. 그녀는 남편의 살해 의도를 깨닫고 아무런 잘못이 없다고 항변하지만 소용이 없자, 조금만 더 살게 해달라고 애원한다. 오셀로는 베개로 데스데모나의 얼굴을 짓눌러 질식시킨다.

　　데스데모나의 시중을 드는 이야고의 아내 에밀리아는 이런 계략을 알아채자마자 몬타노와 그라시아노를 찾아가 이야고가 거짓말쟁이라고 알린다. 그녀는 데스데모나의 손수건이 카시오의 수중에 들어가게 된 전말을 소상히 설명한다. 이야고는 제지에도 아랑곳없이 아내가 계속 입을 열자 칼로 찌른다. 다리에 부상을 당한 카시오도 에밀리아의 말이 사실이라고 밝힌다. 오셀로는 마지막 순간까지 군인으로서의 명예를 지킨다. 마지막 순간이 왔음을 깨달은 그는 '분별력은 부족했어도 진정으로 아내를 사랑했던' 사람으로 기억해 달라고 부탁한 다음 칼로 자해하고 침대 위 아내 곁에 쓰러져 숨을 거둔다.

등장인물

오셀로 *Othello* 무어인으로 도시국가 베니스 방위군의 장군. 군인으로서 뛰어난 능력을 보여 고위직에 올랐지만 외국 태생에다 피부색이 달라 사람들과 잘 어울리지 못한다. 전장에서는 용맹스럽고 판단력이 뛰어나 명성이 높다. 데스데모나와 사랑에 빠져 결혼하지만 투르크군과 맞서 싸우기 위해 출전할 때 이야고의 못된 계략에 속아 아내가 부관 카시오와 불륜을 저질렀다고 믿는다. 질투심에 사로잡힌 오셀로는 침대에 누워 있는 데스데모나를 질식시켜 죽이지만, 뒤늦게 자신만을 사랑한 여인을 죽였다는 사실을 깨닫고 자살한다.

이야고 *Iago* 오셀로의 기수(대위)로 베니스 방위군 군인. 진급을 기대했다가 오셀로가 카시오를 진급시키자 두 사람에게 원한을 품고 복수를 꿈꾼다. 그는 오셀로를 파멸시킬 계획을 꾸미면서 자금 공급원이자 어리석은 공모자로 로더리고를 이용한다. 악행으로 고발당한 그는 자신의 행위를 자백하지도 회개하거나 해명하려고 하지도 않는다. 결국 아무것도 밝혀지지 않지만 그는 처벌받는다.

데스데모나 *Desdemona* 베니스의 귀족 브라반쇼의 딸. 인생을 슬기롭게 잘 꾸려가며 용기와 사랑, 정절로 위험을 마다않고 남편을 따른다. 투르크군과 대적하기 위해 사이프러스로 출정하는 남편을 따라가지만 남편은 거리를 두며 근거 없는 비난만 한다. 자신의 정절을 남편이 알리라 굳게 믿던 그녀는 남편만을 사랑한다는 말을 남긴 채 결국 남편 손에 죽음을 맞는다.

브라반쇼 *Brabantio* 베니스의 원로원 의원으로 데스데모나의 아버지. 딸이 오셀로를 남편으로 선택해 분개하지만 일단 결혼식이 올려지고 베니스 원로원이 인정하자 받아들인다. 오셀로에게는 데스데모나가 영리한 사기꾼이라고 경고한다.

로더리고 *Roderigo* 데스데모나를 사랑하는 베니스의 귀족. 돈은 많지만 분별력이 부족하다. 데스데모나를 꾀어달라고 이야고에게 돈을 준다. 이야고는 로더리고의 헛된 희망과 멍청함을 이용해 그의 돈으로 자기 계획을 밀고 나간다. 이야고에 이끌려 카시오를 공격하는 데 말려들었다가 그의 입을 막으려는 이야고에게 살해당한다.

카시오 *Cassio* 오셀로의 부관이자 친구. 오셀로가 데스데모나에게 구애할 때 동행했다. 평판이 좋고 말을 잘하며 활기차고 믿음직하다. 이야고는 여러 가지 계략으로 오셀로를 속여 카시오가 데스데모나의 정부라고 믿게 만든다. 오셀로가 자살한 뒤 사이프러스 총독에 임명된다.

비앙카 *Bianca* 카시오를 사랑하는 고급 창녀. 바느질 솜씨가 좋아 카시오가 건네준 손수건과 똑같은 것을 만들어주기로 했다가 새 애인에 대한 정표인 줄 알고 돌려준다.

에밀리아 *Emilia* 이야고의 아내이자 데스데모나의 시녀. 누구보다도 남편을 잘 알기 때문에 그의 행동과 동기를 의심한다. 오셀로가 데스데모나를 오해하게 만든 못된 작자가 바로 이야고라는 사실을 알았지만 이미 일이 저질러진 뒤다.

베니스 대공 *The Duke of Venice* 도시국가 베니스를 통치하는 군주. 투르크군의 사이프러스 침공을 격퇴시킬 베니스 방위군 지휘관으로 오셀로를 임명한다. 브라반쇼에게 딸의 결혼을 받아들이라고 권유한다.

그라시아노 *Gratiano* 브라반쇼의 형제. 로도비코와 함께, 로더리고의 칼에
찔린 카시오를 발견한다.

로도비코 *Lodovico* 데스데모나의 사촌. 데스데모나가 죽은 뒤 오셀로와 카
시오를 심문해 진실을 밝혀낸다.

몬타노 *Montano* 오셀로의 선임 사이프러스 총독. 오셀로의 친구이자 충실
한 후원자.

등장인물 관계도

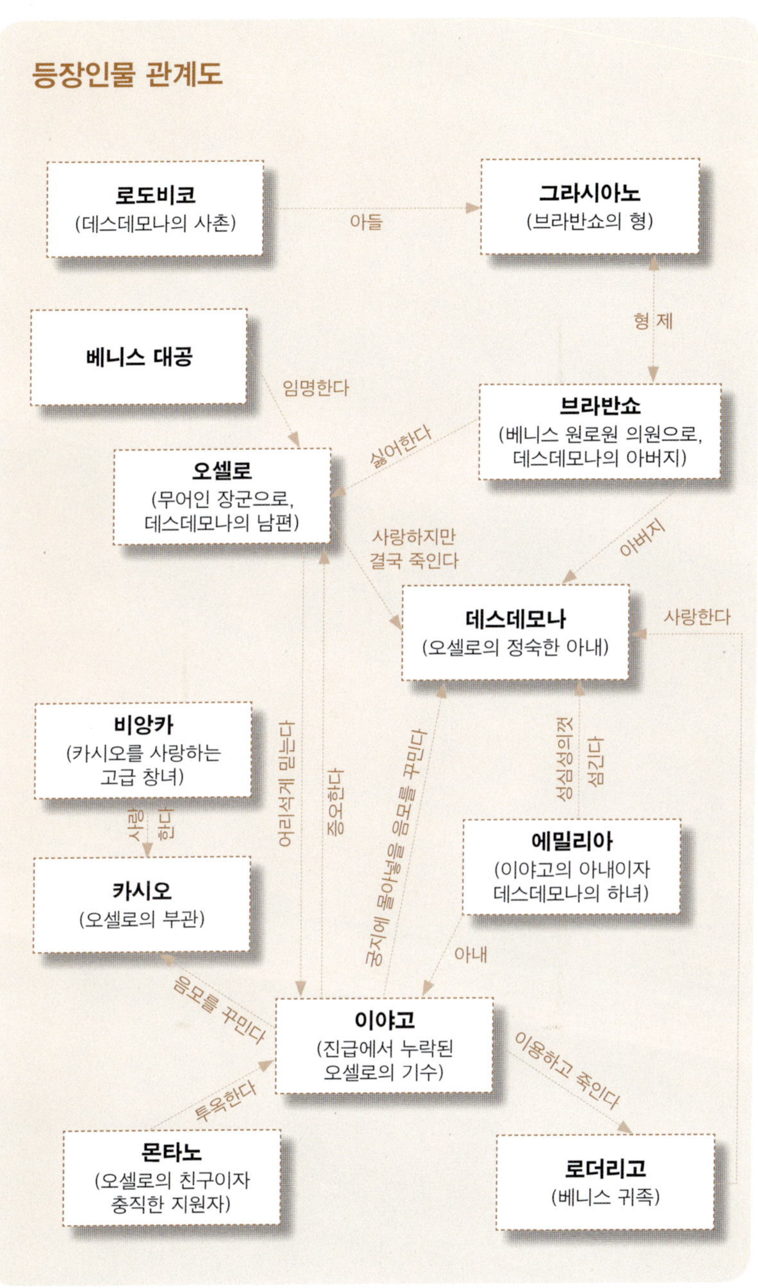

로도비코
(데스데모나의 사촌)
그라시아노
(브라반쇼의 형)
아들
형제
베니스 대공
브라반쇼
(베니스 원로원 의원으로,
데스데모나의 아버지)
임명한다
싫어한다
오셀로
(무어인 장군으로,
데스데모나의 남편)
사랑하지만
결국 죽인다
아버지
데스데모나
(오셀로의 정숙한 아내)
사랑한다
비앙카
(카시오를 사랑하는
고급 창녀)
에밀리아
(이야고의 아내이자
데스데모나의 하녀)
정성껏 섬긴다
충성스런 것
사랑한다
카시오
(오셀로의 부관)
어리석게 믿는다
좋아한다
음지에 몰아넣을 음모를 꾸민다
음모를 꾸민다
아내
이야고
(진급에서 누락된
오셀로의 기수)
이용하고 죽인다
몬타노
(오셀로의 친구이자
충직한 지원자)
투옥한다
로더리고
(베니스 귀족)

Scene 별
정리
노트

1막 1장

이야고의 흑심

　귀족인 로더리고와 방위군 기수인 이야고가 베니스의 거리에서 입씨름을 한다. 귀족 집안의 규수 데스데모나를 사랑하는 로더리고는 그녀에게 선물을 전하고 자기 칭찬을 해준다는 조건으로 이야고에게 많은 돈을 건넸던 것이다. 로더리고는 데스데모나의 사랑을 얻어 결혼하려는 희망을 품고 있다. 그러나 두 사람은 데스데모나가 원로원 의원인 아버지 브라반쇼의 집을 나와 방위군의 장군이자 무어인 오셀로와 눈이 맞아 달아났다는 소식을 듣게 된다.

　로더리고는 데스데모나를 잃고 돈까지 날릴까봐 두렵다. 이야고는 계략과 거짓말로 원하는 바를 이루는 것이 자신의 천성이라며 한 가지 계획을 로더리고에게 털어놓는다. 그는 오셀로가 자신이 원하던 부관 자리에 카시오를 승진시킨 것에 앙심을 품고 있다. 계획대로 이야고가 오셀로를 파멸시키면 로더리고는 데스데모나를 차지하게 될 것이다. 이들은 우선 브라반쇼를 깨우기 위해 소동을 피워야 한다. 문을 두드리고 고함을 지르자 브라반쇼가 발코니로 나온다. 이야고가 자극적인 표현으로 데스데모나가 오셀로와 도망쳤다고 말하자 격분한 브라반쇼가 로더리고와 함께 이웃 사람들을 깨워 수색대를 조직한다.

　　1막 1장은 이야고와 로드리고가 다투는 장면으로 시작 되면서 한두 가지 암시를 한다. 우선 입씨름을 벌여 관객들의 관심을 유도하고 이야고의 교활한 성격도 보여준다. 이야고는 당초 약속대로 데스데모나가 로더리고에게 관심을 갖게 하지 못한 만큼 받은 돈을 되돌려줘야 하지반 이 부자 귀족의 돈지 갑에서 계속 돈을 빼낼 생각이다. 로더리고도 '돈지갑이 그대 것인 양' 한다고 말한다. 이야고는 일이 어긋난 것을 깊이 사 과하면서 두 사람이 도망치리라고는 꿈에도 생각하지 못했다 고 말한다. 그는 "내 꿈에라도 그 일을 알고 있었다면 날 증오 하게나"라고 말한다.

이야고가 로더리고를 얼마나 오랫동안 이용했는지는 정확히 알 수 없지만 얕본 것은 분명하다. 로더리고에게 도움을 주겠다며 써먹은 속임수를 보면 별로 교묘한 데도 없다. 아예 내놓고 로더리고에게 "나는 겉보기와 다르다"라고 말한다. 이 말은 이야고를 비난하는 뜻도 되겠지만 로더리고가 그를 믿고 있다는 것을 보여주기도 한다. 로더리고는 이런 점에서 관객으로부터 약간의 동정을 산다. 한마디로 마음 약한 그는 여기에서 끝나는 것이 아니라 어쩌면 모든 사람들로부터 피해를 입을지 모른다.

이 첫 장면은 관객의 관심을 집중시키고 이야고의 타고난 품성을 보여주는 데 그치지 않는다. 이보다 훨씬 중요한 사실은 장차 전개될 중요한 갈등 요소들을 드러낸다는 점이다. 다시 말해 이 장면을 보면 이야고가 오셀로에게 깊은 반감을 품고 있다는 것을 알 수 있다. 그 반감은 최소한 두 가지로 해석 가능하다. 하나는, 이야고가 오셀로의 부관으로 승진하리라 기대했고, 로더리고에게도 밝혔듯이 베니스의 유력 인사 세 사람이 오셀로에게 자신을 추천했으나 카시오를 선택했기 때문이다. 이야고는 군인으로서 부적합한 카시오의 승진은 전장에서 능력을 입증받은 자신을 모욕한 처사라고 말한다. 다른 해석은 이야고는 승진 경합을 벌인 적이 없고, 또 이름을 밝히지 않은 '고위 인사들'을 들먹이는 것도 모두 오셀로를 미워한다는 점을 로더리고에게 믿게 만들려는 수작이란 것이다.

오셀로와 에밀리아(이야고의 아내)를 포함해 그 누구도 승진 문제를 언급하거나 암시한 적이 없고, 실제로도 이야고가 그런 말을 그 후 두 번 다시 입에 담지 않았다는 사실이 이런 주장을 뒷받침한다.

이야고는 신임 부관이 베니스 사람도 아니라고 말하는데, 오셀로 역시 마찬가지다. 그는 카시오가 피렌체 사람이라고 상기시킨다. 피렌체는 금융업자와 장부정리원들의 집합소라고 비난하는 고약한 도시 이름이다. 카시오가 전쟁터에 대해 아는 것이라곤 책에서 읽은 것이 전부다. 달리 말해 그는 학문을 연구하는 사람이지, 전투를 할 사람이 아니라는 것이다. 실 뽑는 여자라도 그 '학구적인 이론가'보다는 '전투 방식의 종류'에 대해 더 많이 알 것이다. 그런데 이 같은 평가가 몬타노와 이야기를 나눌 때는 완전히 달라진다. "그(카시오)는 시저 옆에서 지휘를 해도 부끄럽지 않을 군인입니다."

이야고는 오셀로의 기수 노릇을 한다는 것이 매우 언짢다. 그렇다고 이 상황을 벗어나기 위해 달리 취할 수 있는 방도도 없다. 그는 '승진이 연공서열이 아니라 학식과 정실에 따라' 이뤄진다는 것을 깨닫는다. 그러나 나중에 도움이 될 수 있도록 계속 오셀로를 '모시는' 척할 것이다. 그는 그저 복수나 하겠다고 결심한 것이 아니다. 오셀로에 대한 혐오감이 얼마나 크고 깊으며 또 그를 파멸시키려는 욕구와 의지가 얼마나 강한지를 뒷받침하려면 승진 기회를 빼앗겼다는 정도가 아니라 그 이상의 강한 동기가 있어야 한다. 그 동기는 이 장면의 대화와 언급, 그리고 인종차별적 태도에서 찾을 수 있다. 이야고가 오셀로에 대한 증오심에 사로잡혀 있지만 그 동기보다는 그가 행하는 못된 조작의 결과가 더 중요하다. 1막 1장에서 이야고는 '은밀한 목표'를 이루기 위해 온갖 계략을 활용할 이기적인 악한으로서의 실체를 로더리고와 관객에게 드러내고 있다.

로더리고는 오셀로를 '입술이 두툼한 사람'(무어인)이라고 표현함으로써 인종주의적 태도를 맨 처음으로 드러내는 인물이 된다. 뒤이어 로더리고가 브라반쇼를 제대로 격앙시키지 못한 것이 못마땅한 이야고는 오셀로를 '흰 암양(데스데모나)과 교미하고 있는 시커먼 늙은 숫양'과 '북아프리카 회교지역 사람', '음탕한 무어인'으로 지칭한다. 브라반쇼는 로더리고가 데스데모나에게는 달가운 구혼자가 아니라고 말했다가 딸이 오셀로와 달아났다는 사실을 알고는 말을 바꾼다. "아, 자네가 데스데모나를 차지했어야 하는데!" 브라반쇼가 어리석은 인물인 로더리고쪽으로 갑자기 기울어진 것은 지속적으로 암시되는 인종주의 외에는 달리 뚜렷한 이유나 논리적 근거를 찾을 수 없다.

브라반쇼는 로더리고에게 "내 딸은 자네 배필이 아니네"라면서, '대문 주변에서 얼쩡거리지 말라'고 경고했었다. 따라서 이제 로더리고는 데스데모나와의 사랑이 잘 진척되도록 해달라고 이야고에게 돈을 듬뿍 건네는 상사병 걸린 부유한 구혼자로 그치는 것이 아니다. 로더리고는 브라반쇼로부터 데스데모나의 결혼상대자가 못 된다고 거절하는 말을 들었다. 그 결과, 이야고는 오셀로의 부관이 될 기회를, 로더리고는 데스데모나의 구혼자로 인정받을 기회를 얻지 못하는 흥미로운 상황이 나란히 전개되는 것이다. 이처럼 거부와 보복은 이 작품의 두 가지 중요한 요소가 된다.

이야고는 마음 약한 로더리고가 브라반쇼의 화를 제대로 돋우지 못할 것임을 이내 깨닫고 그의 말을 가로막으며 오셀로에 대해 더 심하게 욕을 퍼붓는다. 바로 지금 '바버리*산 말'이 데스데모나를 올라타고 있다. 그리고 브라반쇼의 외손들은 말처럼 울 것이고, 친척들도 검은 스페인 말과 같은 꼴이 될 것이라는 이야기다. 그러면서도 오셀로란 이름은 밝히지 않는다. 또한 브라반쇼의 딸과 도망친 사람이 베니스의 오셀로 장군이라고 강조하지도 않는다. 이야고의 입장에서 오셀로의 이름을 밝히지 않는 것은 매우 중요하다. 어리둥절한 브라반쇼가 상황 파악을 제대로 못하기 때문에 이야고가 오셀로의 이른바 야비한 성격에 대해 계속 욕을 퍼부을 수 있게 되고, 또 그 행위를 통해 이야고의 부도덕성을 독자에게 드러내는 것이다.

---

* **바버리**(Barbary) : 북아프리카의 지중해 연안 지방을 통틀어 이르는 말.

 이야고의 뻔뻔스러운 주장과 브라반쇼의 잠을 깨운 것
에 대해 사과하는 로더리고의 소심한 태도가 마침내 효
과를 발휘한다. 브라반쇼가 이야고와 로더리고의 말뜻을 알아
채면서 곧바로 이런 불행을 예고한 꿈을 떠올린다. 당시 문학
작품 속에는 꿈 이야기와 전조가 자주 등장해서 장차 일어날
비극적인 사건에 운명적 요인이 작용한다는 점을 암시한다.

브라반쇼가 불을 더 밝히라고 지시하고 식구들을 깨우
는 등 이리저리 뛰는 사이에 이야고는 소리 없이 그 자리를
뜬다. 자신이 오셀로의 적이라는 사실이 널리 알려져서는 안
되는 것이다. 그의 계략이 성공을 거두려면 오셀로를 '충성심
으로 받들어야 하는데, 실은 가면에 불과'하다. 그는 변함없이
오셀로에게 잘 보이려고 현장을 떠나 오셀로 곁으로 간다.

 이 장면은 위험하고 극악무도한 이야고의 배신행위를
상기시켜주는 대사 외에 오셀로가 베니스에 중요한 인
물이란 점도 관객들에게 알려준다. 고위 공직에 있는 오셀로
에게는 곧 사이프러스의 침공을 저지할 임무가 주어질 것이
고, 베니스의 안전이 그의 어깨에 달려 있다. 오셀로는 고위직
이자 명예를 매우 중시하기 때문에 비극적인 주인공으로 삼을
만한 인물이다.

1막 2장

오셀로의 위상

이야고는 오셀로에게 법적으로 그의 결혼을 깨야 할지 모른다고 경고하지만 오셀로는 군인인 자신이 베니스에 값진 존재라는 점을 알기 때문에 자신감을 갖고 베니스 대공과 원로원 의원들을 만난다. 사이프러스의 상황을 논의하는 긴급회의에 오셀로의 참석을 통보하기 위해 카시오가 파견되었다. 이야고는 카시오에게 오셀로의 결혼 사실을 알린다. 그때 브라반쇼 일행이 도착한다. 브라반쇼는 오셀로를 무섭게 협박하면서 데스데모나를 꾀어내기 위해 마법을 썼다고 비난한다. 자기 생각으로는 절대로 데스데모나가 자진해서 결혼하지는 않았으리란 것이다. 브라반쇼는 오셀로를 체포해 감옥에 넣으라고 다그치지만 대공의 호출에 따른 긴급회의가 먼저다.

오셀로는 군인 신분 덕분에 브라반쇼의 분노로 해를 입는 일은 없을 것이라고 확신하는 만큼 자신만만하고 기분이 좋다. "맘대로 해보라지. 베니스에 기여한 내 공적을 봐서라도 그분의 고소쯤은 문제없다." 오셀로는 자신은 왕족의 후예이고 자유인이며, 데스데모나가 아니라면 굳이 결혼으로 자유로운 처지를 가정 속에 얽매어놓지는 않을 것이라고 밝힌다.

브라반쇼 일행이 도착하고 브라반쇼가 칼을 빼들고 오셀로를 위협한다. 오셀로는 측근들에 둘러싸인 채 나이 많은 브라반쇼에게 예의를 갖춰 경의를 표하며 그의 위협을 피해나간다. 이와 대조적으로 브라반쇼의 비난은 거칠고 노골적이다. "이 더러운 도둑놈 같으니, 내 딸을 어디에 감춰놓았느냐?"

무대에 처음 등장한 오셀로는 자신만만하고 절제력이 있어 펄펄 뛰는 브라반쇼를 차분하고 능숙하게 받아낸다. 1막 2장에서는 줄거리가 두 갈래로 나뉘어 동시에 전개된다. 하나는 오셀로의 개인적인 삶, 즉 결혼 사실이 널리 알려지고, 다른 하나는 투르크의 임박한 침공으로 조성된 국가적 위기에 따라 지휘관으로서 그 전쟁에 참전할 것으로 예상된다는 것이다. 오셀로는 두 갈래 줄거리에서 모두 핵심인물이며 존경받는 사람이다. 그가 이처럼 강한 첫인상을 남긴 것과는 대조적으로 관객은 오셀로를 통해 흑백이 대비되는 시각적 광경을 보게 된다. 검은 얼굴 하나가 흰 얼굴들에 둘러싸여 있고, 그 중 몇몇은 그에게 적대적이다. 지적인 측면에서는 오셀로를 우러러보겠지만 심정적인 측면에서는 그가 과연 살아남을 수 있을지 벌써부터 의문스럽다.

1막 3장

데스데모나, 남편 손을 들어주다

사이프러스에서 몇 차례 보고가 들어왔는데, 앞으로 있을 투르크 함대의 공격에 대해 주의를 환기시키는 내용이다. 함대 규모는 보고마다 차이가 있지만 투르크군이 사이프러스 쪽으로 방향을 틀었기 때문에 몹시 위험하다는 점에서는 내용이 일치한다. 카시오, 브라반쇼, 이야고, 그리고 다른 사람들과 함께 오셀로가 회의장에 들어서자 대공은 곧바로 그를 사이프러스 방위군 지휘관으로 임명한다.

이때 대공이 브라반쇼를 돌아본다. 그는 딸이 결코 자의로 이런 사람과 결혼하지 않을 것으로 보기 때문에 악마의 농간에 빠져 타락했다고 믿고 있다. 처음에 대공은 데스데모나를 꾀어낸 사람을 마법행위 혐의로 기소하겠다고 하지만 장본인이 오셀로란 사실을 알고는 자기 변호를 해보게 한다.

오셀로는 데스데모나에게 구애한 과정을 당당하고 설득력 있게 설명한 뒤 그녀가 직접 해명할 수 있도록 사람을 보내 데려오게 해달라고 대공에게 요청한다. 이야고가 여러 사람과 함께 그녀를 데리러 간다. 오셀로가 말을 마치자 대공은 "그런 이야기라면 내 딸도 마음을 빼앗길 것 같다는 생각이 드는구려"라며 오셀로 편을 들어준다. 이어 데스데모나가 차분하면서도 강력한 주장을 펼쳐 모든 논란을 잠재운다. 아버지에게 순종하고 지금까지 키워주신 것에 감사하지만, 이제 결혼한 몸이니 어머니가 아버지께 했던 것처럼 남편에게 충실해야겠다는 것이다.

오셀로는 방위군을 지휘하기 위해 당장 사이프러스로 가야 할 상황
이다. 데스데모나가 함께 갈 수 있도록 해달라고 요청한다. 대공이 허락
하자 그날 밤으로 떠나야 하는 오셀로는 이야고에게 나중에 다른 배를 타
고 따라오되, 데스데모나와 필요한 것을 챙기도록 부탁한다. 이야고의 아
내는 하녀로서 데스데모나를 모시게 된다. 오셀로가 떠나려 하자 브라반
쇼가 "아비를 기만한 년이 남편인들 속이지 못하겠는가?"라고 경고하지

만 오셀로는 데스데모나의 정숙함을 확신한다.

무대에는 이야고와 로더리고만 남는다. 로더리고가 풀이 죽은 채 시름 달래는 소리를 한다. 이야고는 그렇게 비참해 하는 것은 어리석은 짓이라고 냉소적으로 말하면서 데스데모나가 곧 오셀로에게 싫증을 느낄 테니 사이프러스로 가서 기다리고 있으라고 다독인다. 또한 자기는 오셀로가 싫기 때문에 로더리고가 데스데모나를 차지하도록 도울 것이니, 돈이나 많이 가져오라고 말한다.

무대에 혼자 남은 이야고는 현재의 상황을 생각해 본다. 든든한 돈줄을 잡았으며, 오셀로가 자기 아내인 에밀리아와 동침했다는 소문을 들었다. 그는 이런 소문을 믿지 않으면서도 오셀로에 대한 증오감을 키우기 위해 그렇게 믿는 듯이 행동할 생각이고, 마땅히 자기 차지가 되어야 할 부관 자리도 노릴 생각이다.

관객은 군사 문제를 논의하는 장면에서 베니스 사람들에게 사이프러스가 매우 귀중하며, 해상 교역로를 지키기 위해서라도 반드시 그 지역을 장악해야 한다는 사실을 알게 된다. 대공은 군 지휘권을 오셀로에게 넘길 때 베니스가 전적으로 그에게 의존한다는 점을 널리 알린다. 이런 상황에서 오셀로가 자신감을 갖는 것은 당연하다. 그의 결혼 문제가 어떻게 정리되건 간에 자신을 필요로 하는 원로원이 결국 지지를 보낼 것임을 잘 알고 있는 것이다.

원로원은 군사적 위기상황을 논의한 뒤 동료 의원 중 한 사람인 브라반쇼의 딸 문제를 어떻게 처리할 것인가를 의논한다. 긴급회의 장소에 도착할 즈음 브라반쇼의 분노는 깊은 슬픔으로 바뀌었다. 원로원 의원들은 브라반쇼의 슬픔을 공적인 문제가 아니라 개인적인 상실감 때문으로 받아들인다. 그들은 그의 딸이 틀림없이 죽었을 것이라 생각하고 있고, 브라반쇼에게도 딸은 죽은 것이나 다름없다. 그는 데스데모나가 본래의 성격과 전혀 다르게 행동한 것으로 미뤄볼 때 마법에 홀렸음이 분명하다고 믿고 있다. 대공도 동의하듯 화를 내며, 비록 자기 자식이라 할지라도 그런 못된 짓을 했으면 심판하겠노라고 약속한다. "귀공께서 직접 엄격한 국법 조항에 따라 뜻대로 엄단하도록 하시오." 마법은 극형에 처하는 중대 범죄이기 때문에 이런 언명은 의미심장한 것이다. 마녀가 고문을 받은 뒤 결국 처형되는 상황을 감안할 때 실제로 마법을 처벌하는 법규에서는 '피가 뚝뚝 떨어진다.' 그러나 브라반쇼가 오셀로를 가리키면서 "여기 그 자가 있습니다. 이 무어인입니다"라고 말하자 대공의 성급한 약속은 곧바로 철회된다. 적의 침공으로부터 베니스를 구하기 위해 사령관으로 임명한 인물이 갑자기 처형당할 위험에 빠지게 되었기 때문이다. 원로원은 한 사람의 복수욕을 채워주기 위해 패전 위험까지 감수해야 할 판이다. 대공은 오셀로가 자신의 행동을 정당화할 수 있기를 기대한다.

자신을 변호하는 오셀로의 말은 두 부분으로 나뉜다. 첫 번째 부분에서는 베니스를 위해 봉직한 성공적인 군인으로서 베니스의 원로들을 존경한다고 밝히고, 두 번째 부분에서는 자신의 무용담이 데스데모나의 관심을 끌고 나아가 사랑까지 얻게 된 과정을 설명한다.

"막강한 힘과 중후한 인품을 지니신 존경하는 의원님들, 고결하고 훌륭한 어른들로 정평이 나신 의원님들"이라는 말로 원로원에 존경심을 한껏 나타내면서 해명을 시작한 오셀로는 이어 브라반쇼의 딸과 결혼했다는 명백한 사실을 인정한다. "저는 말투가 거칠고 평온한 시대에 필요한 부드러운 말솜씨도 없습니다"라고도 하는데, 상당한 심리적 압박을 받는 상황에서 당당하고 품위를 갖춰 의사 표현을 하면서도 이런 공언을 한 것은 놀랍다. 차분하고 침착한 언변은 군 지휘관에게 귀중한 자질이다. 오셀로는 사생활을 변론하는 자리에서도 이런 능력을 최대한 활용한다.

오셀로가 자기 변호의 배경이 되는 이야기를 한다. 그는 일곱 살 때부터 9개월 전 베니스로 돌아올 때까지 군인으로서 전쟁터를 누볐던 사람이다. "저는 사랑의 전말을 있는 그대로 말씀드리겠습니다." 돌덩어리나 사과처럼 본래의 모습대로, 아무런 꾸밈없이 말하겠다는 것이다. 마법을 썼다는 비난을 받고 있기 때문에 어떤 마법인지 밝힐 생각이다.

여기서 셰익스피어는 오셀로의 이야기를 중단시키고 브라반쇼가 데스데모나의 품성을 되새기며 구애 과정을 언급하는 내용을 끼워 넣는다. 관객은 오셀로가 데스데모나의 사랑을 얻게 된 연유가 궁금하겠지만 그의 이야기를 중단시킴으로써 관객의 긴장감을 끌어올려 마지막 부분을 한층 인상 깊게 만들려는 작가의 의도가 들어간 것이다.

딸의 본모습을 제대로 모르는 브라반쇼는 딸이 기대에 어긋나는 인물을 배필로 삼자 충격을 받고는 확실한 증거도 없으면서 얼굴이 검은 사람을 '딸이 쳐다보기도 두려워했다'고 생각한다. 편견에 눈이 먼 그는 딸까지 편견을 지닌 인물로 만들어 딸은 흑인과는 사랑에 빠질 수 없는 사람이라고 덧칠한다. 그의 추론은 이렇게 전개되는 듯하다. 인종이 다른 사람끼리 육체관계를 갖는 것은 못된 짓이고, 선량한 사람이 그런 관계에 빠지는 것은 마법 때문이다. 따라서 착하고 아버지와 생각이 같은 데스데모나는 오셀로의 마법에 걸려 억지로 결혼한 것이다.

대공은 브라반쇼가 '부실한 내용과 진부한 추측에 근거를 두었을 만한' 증거를 내놓자 적이 안심한다. 원로원이 단도직입적으로 의문을 제기한다. 오셀로가 이 여인의 사랑을 얻기 위해 마법을 썼는가, 아니면 '마음과 마음이 맞닿는' 통상적인 방법으로 구애했는가?

이제 모든 관심이 오셀로에게 쏠리고, 그는 간단명료한

말로 호감을 산다. "진지하게 경청해 주시는 원로 여러분께 제가 어떻게 이 아름다운 여인의 사랑을 얻었으며, 그녀는 또 어떻게 제 사랑을 얻게 되었는지를 명확히 말씀드리겠습니다." 그는 브라반쇼의 초청을 받고 그의 집을 방문해서 종군중인 군인의 거칠고 임전태세를 갖춘 생활과는 너무나 대조적인 베니스의 교양 있는 집안의 가정생활을 살펴볼 수 있는 기회를 가졌다. 그 자리에서 브라반쇼는 그를 편안하게 대해 주면서 지난 삶과 모험담을 들려달라고 청했다. 말주변이 없다고 사양했지만 결국은 모험담을 털어놓게 되었고, 브라반쇼 부녀는 열심히 들었다.

문체탐색 오셀로는 지금까지 살아온 과정을 밝힌다. 어릴 때부터 전사였던 그는 '오만한 적들에게 붙잡혀 노예로 팔렸다.' 셰익스피어는 오셀로의 이야기를 자세하고 생생하게 꾸미지만 몇 가지 지리상의 사실은 극적인 효과를 노려 왜곡시키기도 한다. 동방과 북아프리카 사이에는 바닷길을 따라 교역이 이루어졌다. 노예 무역은 그 일부로서 중동지역의 여러 도시에서 많은 노예들이 거래되었다. 오셀로는 노예 신분에서 풀려났지만 누가 어떤 이유로 풀어주었는지는 밝히지 않고 있다. 그는 고향땅에서 멀리 떨어진 곳으로 끌려왔기 때문에 직업군인이 되기로 결심한 듯하다. 오셀로는 바다와 육지에서 벌인 전투 경험담을 들려준다.

오셀로의 이야기로 관객 ― 원로원 의원들 포함 ― 은 데

스데모나가 그와 사랑에 빠지게 된 상황을 얼마간 이해하게
된다. 그는 자기가 군생활의 거의 대부분을 전장에서 보내며
전공을 세운 사람이라고 설명하고, 데스데모나가 이런 '내 이
야기에 흠뻑 빠졌을 것'이라고 단언한다. 그리고 이어 그가 '젊
었을 때 겪었던 고통스런 시련'을 전하자 그녀는 그처럼 생소
하고 처량한 이야기에 눈물을 흘렸고, '하느님이 자기에게 그
런 남자를 내려주셨으면 좋겠다'면서, '자기를 사랑하는 친구
가 있다면 내 경험담을 들려주어 말하게 하면 마음이 움직일
것'이라고 했다고 한다. 돌려서 한 말이지만 속이 뻔히 보이는
사랑 고백이자 구혼이라고 할 수 있다.

이처럼 데스데모나는 자신이 원하는 것을 정확히 알고
또 얻기 위해 노력하는 젊은 여성으로 묘사되는데, 그
런 점은 그녀를 얌전하고 어리기만 한 딸로 생각하는 브라반
쇼의 인식과는 큰 대조를 보인다. 데스데모나에게서 어떤 말
이 나올지를 잘 알고 있는 오셀로는 자신만만하게 "여기 당사
자가 왔으니, 그녀가 증언하게 합시다"라고 말한다. 데스데모
나가 입을 열기도 전에 대공이 "그런 이야기라면 내 딸도 마
음을 빼앗길 것 같다는 생각이 드는구려"라는 말로써 오셀로
의 자기 변호가 훌륭했음을 분명하게 보여준다. 대공의 말에
깜짝 놀란 브라반쇼가 강하게 입장을 표명한다. "만약 딸아이
도 똑같이 사랑을 원했다고 고백한다면 / 저 사람을 비난한
내 머리에 천벌이 내려도 좋습니다!" 하지만 그는 딸에게 적

절한 질문조차 던지지 못하고, 다소 굳은 말투로 누구에게 가장 순종하느냐고 묻는다. 이 질문으로 인해 논란의 초점은 젊은 여성이 살아가면서 맺게 되는 남성과의 관계에 대한 인식과 관습이란 추상적 영역으로 옮겨간다. 브라반쇼는 딸의 불효 문제라면 원로원 의원들이 자기편을 들게 될 것이라고 기대한다.

이 연극의 시대 배경이 16세기 말경인 점을 감안할 때, 데스데모나의 이야기를 들어보면 그녀가 굉장히 솔직하고 적극적이며 용감하다는 것을 알 수 있다. 10행으로 끝난 짤막한 답변은 간명한 논리 전개의 전형이라고 할 만하다. 그녀는 이 문제에서는 예나 지금이나 '두 가지 의무'가 있다고 말한다. 나를 '낳고 길러주셨으니' 여전히 훌륭한 아버지와는 떼려야 뗄 수 없는 관계이며, '순종의 대상'인 만큼 항상 아버지를 공경하겠지만, "… 어머니가 외할아버님보다 아버지를 소중하게 섬기셨듯이 저도 제 주인인 무어인을 정성껏 섬기려고 합니다." 달리 말하자면 아버지는 남편 다음이라는 것이다.

개인적인 문제를 일반 원칙으로 만들어버린 데스데모나의 주장이 승리함에 따라 브라반쇼는 고소를 취하한다. 그러나 잘못을 인정한 것이 아니라 대꾸를 하지 못했을 뿐이다. 그는 그의 딸도 구애를 했다는 주장이나 마법에 대해서는 더 이상 반론을 제기하지 않고, 딸이 쳐다보기도 두려워하는 대상과 어떻게 사랑에 빠질 수 있었느냐에 대해서도 더 이상 언급하지 않는다. 한마디로 '할 만큼 했다'는 의미에서 데스데모나도 포기하고 아버지라는 생각 자체도 내버린 것이다. 브라반쇼의 완강함은 그의 특성이다. 그는 어리석은 사람은 아니지만 권위를 잃고 있으며, 자존심을 지키는 한 그런 상실감을 감당할 방법이 없다. 대공이 부녀의 화해를 시도하지만 소용없다.

오셀로와 결혼생활을 시작한 데스데모나는 충실한 아내로서 출정하는 남편을 따라가고 싶어한다. "… 저는 뒤에 남아서 / 편안하게 지내고, 남편은 출정한다면 / 백년가약의 보람도 없이 독수공방으로 얼마나 외롭겠습니까. / 부디 같이 가게 해주세요." 결혼이란 의식과 성적 친밀감을 누리기 위해 남편과 함께 있기를 간절히 바라기 때문에 단도직입적으로 요청하는 것이다. 오셀로는 데스데모나의 노골적인 요청이 놀라울 뿐이다. 물론 오셀로 역시 같은 이유로 아내와 함께 지내기를 바라는 만큼 동조는 하면서도 표현은 한결 점잖다. "… 따라서 제 욕정을 채우고자 간청하지도, / 정열을 못 이겨 간청하는 것도 아니고… 아내의 마음을 신경 쓰지 않고 널리 헤아리기 위해서입니다."

대공은 오셀로가 원하는 대로 해줄 수 있다고 말한다. 중요한 점은 '사태가 급박하기' 때문에 오셀로가 당장 그날 밤에 출발해야 한다는 것이다. 데스데모나는 이런 지시에 약간 놀라는 표정이지만 이 무어인은 '뜨거운 가슴으로' 사랑한다고 말한다. 대공이 브라반쇼에게 말한 것처럼 오셀로는 '흑인보다는 피부색이 훨씬 흰' 편이다. 이제 오셀로에게 남은 문제는 나중에 데스데모나를 사이프러스까지 안전하게 데려올 믿을 만한 장교를 한 사람 남겨두는 일이다. 그런데 오셀로가 '정직한 이야고'로 생각하는 바로 그 인물을 선택한 것은 비극이라고 하겠다.

브라반쇼는 이 무어인이 딸을 도둑질하지도, 마법으로 홀리지도 않았다는 사실을 알고 좌절한다. 그러나 '소중한 딸'이 아버지의 온갖 가르침을 저버리고 다른 인종, 다른 나라의 남자와 비밀리에 결혼한 사실을 도무지 이해할 수 없는 그는 오셀로와 헤어지면서 경고를 던진다. "무어인이여, 그애를 잘 감시하고 주의 깊게 살펴라. 아비를 기만한 년이 남편인들 속이지 못하겠는가?" 오셀로에게 마지막으로 던진 이 말은 중요한 의미를 지닌다. 거기에는 빈정거림이 가득하고 극적인 전조를 보여주는 실례도 담겨 있다. 나중에 데스데모나는 오셀로를 속이지 않지만 그는 아내가 자신을 기만했다고 굳게 믿은 나머지 그녀를 살해하게 되고, 얼마 뒤 그 역시 아내를 믿지 못한 자책감으로 자살하는 것이다. 브라반쇼의 경고에 대해 오셀로도 빈정거리는 투로 응수한다. "그녀의 정절에 이 목숨을 걸겠습니다!"

이야고는 1막이 끝날 무렵 독백을 통해 오셀로를 증오하는 두 번째 동기를 소개한다. 그는 무어인이 "내 잠자리에서… 내가 할 일을 치렀다”는 소문이 여기저기 떠돌아다닌다고 말하는데, 이야고에게는 ‘단순한 의혹도… 확실한 것이… 되고 만다’. 극중 어느 대목에서도 오셀로와 에밀리아의 정사를 암시하는 흔적은 전혀 보이지 않는다. 이야고는 다음번에 실행할 악의적인 계획도 드러낸다. 그에 대한 오셀로의 신임을 알아차리고는 카시오가 데스데모나와 ‘지나칠 정도로 가깝다’고 믿게 만들려고 하는 것이다. 그는 오셀로가 ‘편견이 없고 개방적인 성격’이며, 그의 표현을 빌리자면 ‘멍청이’로 순진한 사람이다. 이미 오셀로 자신도 ‘싸움이나 전투 기술과 연관된 것 외에는… 이 거대한 세상에 대해 아는 것이 거의 없다’는 점을 시인한 바 있다. 우리는 ‘지옥과 암흑’, 그리고 ‘끔찍한 혈통’을 언급하는 내용이 담긴 마지막 대구(對句)를 통해 이야고가 기쁨에 겨워 두 손을 비벼댄다는 것을 알 수 있다. 더불어 오셀로와 데스데모나의 결혼을 깨려는 이야고의 계획이 얼마나 잔혹하고 악마적인가도 너무나 분명히 알게 된다.

마법을 썼다는 비난은 의문을 불러일으킨다. 못된 짓을 했다는 증거는 무엇이고 그렇지 않은 것은 무엇일까? 오셀로는 근거 있는 비난이라고 믿는 사람에게 고소를 당했지만 이겨낼 수 있었다. 흥분과 편견에 사로잡힌 브라반쇼가 확실한 증거를 내놓지 못했고, 데스데모나의 증언이 힘을 발휘했기 때문이다. 그러나 연극 후반부에서 오셀로 역시 똑같은 잘못을 저지른다. 자신이 옳다는 확신을 앞세워 근거 없이 아내를 비난하는 것이다. 그 결과는 그의 파멸로 이어진다.

 꽤 길게 이어지는 1막 3장에서는 사건이 세부적으로 빠르게 진전되면서 움직임과 흥분상태가 고조되는 인상을 준다. 〈오셀로〉에서는 시간이 매우 빨리 지나가는 것처럼 설정되어 있지만 가만히 살펴보면 요일을 나타내거나 각 장이 시간상으로 어떻게 연결되어 있는지를 보여주는 내용이 거의 없다는 점을 알 수 있다. 이 작품에는 길게 펼쳐지는 장이 3개 있다. 1막 3장 이외에 이야고가 오셀로의 질투심에 불을 지르는 3막 3장, 그리고 살인과 해명 장면을 다룬 5막 2장이다. 이들 장에서 나타나는 격정이 구조적으로 극을 하나로 연결시킨다.

유럽에서는 14세기와 18세기 말 사이에 아리스토텔레스의 이론을 바탕으로 연극의 3가지 통일성 문제가 논란을 거치면서 발전했다. 모든 에피소드나 행동은 하루 정도의 매우 짧은 기간 안에 일어나야 한다는 '시간의 통일성', 에피소드나 행동이 근처에서 일어나야 한다는 '장소의 통일성', 에피소드나 행동이 앞서거나 뒤따르는 에피소드나 행동과 연관되어야 한다는 '행위의 통일성'이 그것이다. 이 같은 통일성 문제를 극작가들이 반드시 따라야 한다거나 각별히 신경을 써야 할 것은 아니지만, 독자들이 〈오셀로〉의 각 장이 지닌 연관관계를 이해하는 데는 도움이 된다.

2막 1장

재회

사이프러스 총독 몬타노가 심한 바다 폭풍 때문에 도착이 늦어지는 베니스군을 기다리고 있다. 전령이 와서 폭풍으로 투르크 함대가 큰 피해를 입어 더 이상 사이프러스를 위협하지 않게 되었다고 전한다. 베니스에서 출발한 선박 중 카시오의 배가 맨 먼저 도착하고, 뒤이어 데스데모나를 태운 배가 들어온다. 데스데모나는 우선 오셀로 소식을 묻는다. 카시오와 데스데모나가 소식을 기다리고 있고, 이야고는 카시오가 호의를 보이는 모습을 포착할 작정으로 그들을 지켜본다.

드디어 의기양양한 모습으로 도착한 오셀로가 데스데모나와 다른 여러 사람을 대동하고 성채로 들어간다. 뒤에 남은 이야고는 로더리고에게 데스데모나가 카시오와 사랑에 빠졌다고 전하면서 카시오가 덤벼들게끔 싸움을 걸라고 말한다. 이야고는 두 번째 독백을 통해 오셀로에 대한 증오심을 다시 한 번 드러낸다. 자세한 내용은 나오지 않지만 이야고는 오셀로가 광기로 빠져들게 만들 계획이다.

2막 이후부터는 요새화한 베니스령 사이프러스에서 전개된다. 1막에서 오셀로가 함선을 타고 사이프러스로 출발한

다. 이어 카시오가 다른 선박으로, 이야고와 에밀리아, 데스데
모나가 세 번째 배로 떠난 뒤, 확실하진 않으나 얼마간의 시간
이 흐른다. 선박이 차례차례 도착하자 먼저 도착한 사람들은
오셀로 이야기를 하면서 그를 기다린다. 카시오는 몬타노에
게, 존경심과 약간의 경외심을 담아 데스데모나를 '우리 뛰어
난 장군님의 장군님'이라고 소개한다. 카시오의 단정한 말투
는 그의 교양미와 오셀로에 대한 모두의 큰 기대감을 보여준다.
"이 항구가 위풍당당한 그분 함선의 가호를 받도록 하시며, /
장군께서 데스데모나의 품에서 숨가쁜 사랑으로 피로를 달래

시고, / 우리의 꺼진 사기에 다시 불을 지피도록 하소서.”

　　데스데모나와 에밀리아, 이야고가 말장난을 즐기는 모습에서 여성을 냉소적으로 바라보는 이야고의 인식이 드러난다. “… 여자들이란 바깥에서는 그림 같고 / 거실에서는 방울이고, 부엌에선 살쾡이에, / 당하기만 하는 성인(聖人)이라는데, 성이 나면 마귀지. / 정작 바쁠 때는 빈둥거리면서 잠자리에서는 주부가 되지.” 밖에서는 여성들이 더없이 예의바르고, 찾아온 손님과도 상냥하게 대화를 나누면서, 부리는 종들에게는 불같이 화를 낸다. 그리고 항상 피해자임을 자처하면서 비난이라도 받게 되면 곧바로 분개한다. 집안일에는 게으르고 잠자리를 허용하는 데는 인색하다. 이야고가 거친 말투로 여성들을 헐뜯자 데스데모나와 다른 사람들은 ‘솔직한’ 이야고의 직설적인 표현쯤으로 듣고 넘긴다. 5막에서 에밀리아가 남자들을 냉소적으로 바라보는 여성들의 시각을 전함으로써 균형을 잡아준다.

　　한편, 카시오를 주시하며 허점을 찾던 이야고는 그가 데스데모나에게 보이는 정중한 태도와 관심에 초점을 맞추기로 작정한다. “… 나는 이렇게 조그만 거미줄로 카시오 같은 큼직한 파리를 잡을 참이다. 옳지, 그렇게 그녀에게 미소 지어라. 나는 네놈의 그 은근한 예절 표시를 이용해 족쇄를 채울 테다.” 셰익스피어는 역점을 두거나 분위기의 변화를 나타내기 위해 문장의 율동적 흐름을 끊는 방식 — 운문에서 산문으로, 아니면 그 반대로— 을 활용한다. 이야고가 대화에서는 운을 단 대구(對句)의 비꼬는 듯한 장난스런 말투였지만 방백*을 할 때는 무겁고 단조로운 어조로 바뀌는 점에 주목하자.

오셀로와 데스데모나의 재회는 행복으로 가득 찬 사랑의 축제다. 오셀로는 데스데모나를 자신과 동등한 사람으로, '아름다운 여성 전우'로 맞는다. 그는 폭풍우 속에서 큰 어려움을 겪은 끝에 아내와 천국에 와 있으며 지금이 인생에서 가장 행복한 순간이다. "죽는다면 지금 죽는 것이 제일 행복할지 몰라. 뭐라고 말할 수 없는 이런 만족감은 미지의 장래에도 두 번 다시 느끼지 못할 것만 같소." 그의 행복에는 어두운 면도 있다. 앞으로는 이만큼 행복할 수 없다고 느끼기 때문이다. 그러나 데스데모나는 기대에 부풀어 있다. "우리의 사랑과 기쁨도 날이 갈수록 깊어질 거예요."

이야고는 방백을 통해 오셀로가 지금은 루트**처럼 '조율이 잘 되어' 감미롭게 노래를 부르지만 자기가 '줄감개를 풀어' 현을 느슨하게 만들어서 음악을 '나처럼 정직하게' 망쳐놓겠다고 한다. 특히 오셀로는 진심으로 이야고를 가리켜 '정직한'(사람)이라는 단어를 쓰지만, 이야고는 이렇게 냉소적으로 사용하고 있다. 이 같은 방백으로 이야고는 전통적인

---

* **방백**(傍白): 청중에게는 들리지만 무대 위의 다른 인물들에게는 들리지 않는 것으로 약속하고 연기하는 대사.

** **루트**(lute): 14-17세기에 썼던 기타 비슷한 현악기.

연극과 가면극, 팬터마임, 인형극에 등장하는 악당을 연상시
킨다.

　　이야고는 데스데모나의 덕성을 헐뜯고 그녀의 평판에
먹칠하는 식으로 험담을 마구 쏟아 부어 그녀를 이상적인 여
성으로 생각하는 로더리고의 마음을 마구 뒤흔들어놓는다. 그
는 그녀를 두둔하는 로더리고의 말을 무시한다. "엿 같은 소
리 하시네! 그녀가 마시는 포도주도 포도로 만든 거야." 데스
데모나 역시 그냥 평범한 여자에 불과하다는 것이다. 그는 카
시오가 그녀의 환심을 사려고 애쓰고 있다고 말한다. "두 사
람이 마주 볼 때는 입술이 너무 가까워 서로의 입김이 뒤섞일
정도였네." 이야고는 심약한 로더리고가 카시오의 파면 음모
에 가담해 시키는 대로 하겠다고 말할 때까지 마구 몰아친다.
뒤이어 무대에 혼자 남은 이야고가 속내를 밝힌다.

　　이야고의 두 번째 독백 내용은 의미심장하다. 복잡한
심경 속에서 어떤 계획이 구체화되고 있다는 것이 나타나기
때문이다. 그는 자신의 생각, 특히 오셀로에 대한 증오심을 찬
찬히 생각해 본다. "그럼에도 불구하고 이 무어인을 참아 넘
기지 못하겠다." 그는 오셀로가 에밀리아와 놀아났다는 뜬소
문 때문에 아직도 질투의 감정이 소용돌이친다. 이야고는 데
스데모나를 유혹해 복수할 수도 있었다. "이제 나도 그 여자
를 사랑해야겠어… / 일부는 원수를 갚기 위해서지. / 그 음탕
한 무어인 녀석이 / 내 자리에 냉큼 올라갔다는 혐의가 있으

니까. 그걸 생각하면 / 독이라도 마신 것처럼 뱃속이 온통 쥐어뜯기는 것만 같아." 이야고는 여기서 '사랑'이란 말을, 욕정과 권력욕이 뒤엉킨 매우 냉소적인 의미로 쓰고 있다. 처음에는 데스데모나를 유혹하는 것이 복수가 된다고 판단하고, "그와 균형을 맞추려면 서로 아내와 놀아나는 거야"라고 생각하다가 자신을 괴롭히는 근거 없는 질투심이, 바로 자기보다 더 여린 오셀로를 괴롭힐 무기가 된다는 점을 깨닫는다. "이 무어인을 바보로 만들고 평온한 마음과 침착성을 들쑤셔 미칠 정도로 만들어주었다고 내게 감사하고 나를 좋아하며 보답하게 만들어야지." 오셀로의 질투심에 불을 질러 그를 광기로 몰아갈 작정인 것이다.

2막 2장

축제

전령이 나와 투르크 함대 격퇴와 더불어 오셀로의 결혼을 축하하는 큰 잔치의 밤을 갖는다고 공표한다.

짤막한 2막 2장은 3장과 합쳐지는 경우가 많다. 이 장은 현대 연극에서 시간의 흐름을 나타내기 위해 커튼을 올리는 것과 거의 비슷한 기능을 한다. 관객들은 '훌륭하고 용감한' 오셀로 덕분에 투르크 함대를 '궤멸'시켰다는 점과 잔치 참석자들이 승전과 함께 장군의 결혼을 축하한다는 점을 알고 있다. 오셀로는 5시부터 11시까지를 축제시간으로 공표하고, 이 시간에는 병사들과 시민들이 함께 춤추고 모닥불을 피우거나 술판을 벌일 수 있도록 허용한다.

떠들썩한 축제 분위기는 앞으로 다가올 비극적인 상황과 강렬한 대조를 보이고, 더군다나 어수선한 상황은 이야고에게 오셀로를 옭아맬 덫을 놓을 만한 충분한 시간과 기회를 준다. 또한 흥겨운 이 잔치는 밤에 벌어지는데, 앞서

이야고는 '고통과 어둠이 / (고약한 계략의) 이 끔찍스러운 탄
생을 만천하에 드러내야 할 것'이라고 공언하면서 소름끼치는
상황을 예고한다.

2막 3장

 ## 카시오, 이야고의 덫에

술잔치가 계속되는 동안 야간 경계조의 지휘 책임을 맡은 카시오는 병사들이 과음하지 않도록 감독하면서 질서를 유지하라는 오셀로의 명령을 받는다. 카시오는 바로 아래 지휘관인 이야고와 함께 그 임무를 수행하게 된다. 명령을 내린 오셀로는 데스데모나와 침실로 들어간다. 결혼한 뒤 함께 보내는 첫날밤이다.

이야고가 카시오에게 데스데모나에 관해 음란한 말을 건넨다. 카시오가 외면하자 이야고가 술을 마시자고 권한다. 거절하던 카시오는 이야고가 달래고 으르면서 강요하자 마침내 응한다. 이야고는 로더리고를 부추겨 카시오와 싸움을 벌이게 하고, 다른 사람들이 싸움판에 끼어들자 로더리고를 보내 경종을 울려 오셀로를 깨워서 무장 경호원들과 함께 현장으로 데려오라고 시킨다. 오셀로가 싸움을 건 사람이 누구냐고 묻자 이야고가 쭈뼛거리는 체하면서 카시오라고 대답한다. 오셀로는 그 자리에서 카시오의 직위를 해제한 다음, 데스데모나와 함께 다시 침실로 들어간다.

이야고가 데스데모나에게 청을 넣어보라고 권유하자 카시오가 고개를 끄덕인다. 이야고는 아내 에밀리아를 시켜 카시오와 데스데모나가 은밀하게 만날 수 있도록 주선한다.

2막 3장은 술자리에서 벌어지는 코미디와 말다툼, 끝부분에 이뤄지는 타협 등이 뒤엉키면서 전개된다. 오셀로는 습관처럼 이야고를 칭찬한다. "이야고가 제일 정직하다." 카시오는 "오늘밤 마땅찮고, 이야고는 훌륭하다."

이야고는 카시오와 대화하는 가운데 데스데모나를 입에 올리면서 음탕하게 말한다. '그녀는 조브 신*도 반할 만한 미인'이라면서 '틀림없이 그것도 아주 잘할 겁니다.' 카시오가 못 들은 체하자 이야고가 술을 마시자고 집요하게 말하지만 정중하게 거절한다. "나는 술이 약하고, 좋아하지도 않는다네. 예의를 중시한다면 뭔가 다른 재미거리를 찾았으면 좋겠다는 생각이군." 이야고는 카시오의 점잖은 태도를 빌미로 계속 압박을 가해 결국 굴복시킨다.

문체 탐색 카시오가 술에 취하지 않았다고 제 딴엔 아주 조심스럽게 항변할 때 이미 우스꽝스럽고 끔찍한 결과가 예상된다. "여러분, 내가 취했다고 생각하지 마시오. 이것은 내 깃발이고 이것은 오른손, 이건 왼손이요. 난 지금 취하지 않았소. 이렇게 반듯이 서 있을 수도 있고 말도 제대로 하지 않소." 그

---

* **조브 신**(Jove): 모든 신의 우두머리로 하늘의 지배자. 그리스 신화에서는 '제우스', 로마 신화에서는 '주피터'를 말함.

러나 그의 말 한 마디 한 마디는 그가 취했고 정신이 온전하지 못한 상태임을 보여줄 뿐이다.

이야고가 몬타노에게 카시오는 주정뱅이라면서 오셀로가 그처럼 믿을 수 없는 사람을 진급시킨 것은 오판이라고 말한다. 이어 카시오가 나타나고, 몬타노가 술 취한 모습을 호되게 나무라자 카시오가 갑자기 몬타노에게 대들면서 칼로 상처를 입힌다. 이 장면에서 무대는 소란스럽고 여러 명의 배우들이 다급하게 움직이는데, 그 소란과 혼란스러움이 요란할수록 더 좋다. 그러나 사태가 심각한 만큼 코미디처럼 비쳐서는 안 된다.

그 소란 때문에 첫날밤을 방해받았으므로 오셀로는 화가 머리끝까지 나 있다. 즉각 사태를 파악한 그는 부하들의 무능에서 빚어진 일로 판단하고 꾸짖으면서 적의 소행을 그대로 따라함으로써 군대를 망치고 있다고 비난한다. "이 야만적인 싸움으로 기독교인의 수치를 가져왔다." 따라서 또다시 이런 짓을 하는 사람은 살려두지 않겠다고 엄명을 내린다. 이번 사긴은 정치적으로 영향을 끼칠 가능성도 있다. 사이프러스 사람들이 반란이 일어난 것으로 오인하고 봉기할 수도 있기 때문이다. "경종을 울리지 말라. 사이프러스 사람들이 몹시 놀랄 것이다." 그의 분노는 이 싸움을 처음 시작한 사람에게 쏠린다. 그는 오랜 습관처럼 신임 부관 대신에 기수인 이야고를 지명해 싸움을 건 사람이 누구냐고 묻는다. 이야고가 대답한다.

"마이클 카시오에게 마음에 걸리는 짓을 하느니 / 차라리 입 안의 혀를 잘라버리고 싶습니다." 입이 떨어지지 않는 체하면서도 사실은 노골적으로 일러바친 셈이다. 오셀로는 그 말을 액면 그대로 받아들인다. "이야고, 나는 자네가 성실하고 정이 많아서 카시오의 죄를 가볍게 하려고 사건을 둘러댄다는 것을 알고 있다." 이 장에서 이야고는 카시오를 밀어내고 오셀로의 최측근 자리를 되찾는다.

술이 깬 카시오는 명예를 잃게 되어 몹시 가슴 아프다. "나는 내 자신의 영원한 부분을 잃어버리고 남은 것이라곤 동물적인 부분뿐이로군." 그러자 이야고가 대꾸한다. "명예란 헛되고 가장 그릇된 겉치레일 뿐입니다. 별다른 공적도 없이 받았다가 그럴 만한 이유도 없이 사라지는 일이 잦지요." 나중에 이야고는 오셀로와 의논하는 자리에서는 정반대의 의견을 밝힌다. 그는 두 얼굴을 가진 야누스처럼 목적 달성에 도움이 된다면, 무슨 짓이건 할 수 있는 인물이다. 카시오를 술잔치에 끼어들도록 만들어놓고는 뒤로 빠져서 싸움을 조장하고, 오셀로에게는 싸움의 전말을 전하면서 카시오를 술 취하고 무능한 사람으로 묘사하며, 마지막에는 카시오를 돕는 친구인 양 명예회복 방안을 알려주는 파렴치한이다.

죄책감과 후회 때문에 막막한 카시오는 이야고의 제안을 선뜻 받아들임으로써 덫에 걸려들고 만다. 이야고는 자기를 합리화시키는 독백을 통해 "내가 취했다고 생각하지 말게"

라는 카시오의 말을 비꼬듯이 되받는다. 카시오는 어리석어서 그런 말을 했지만 이야고는 악의로 한 말이다. "날 보고 악당이라고 말하지 마시오. 지금 말한 충고는 공짜인 데다 성의 있는 것이 아닌가 말이오?" 그는 자신의 계획을 다듬어 세밀한 부분까지 빈틈없이 만든다. 카시오가 데스데모나에게 청을 넣으면 그녀는 또 오셀로에게 청을 할 것이다. 그러면 자기는 데스데모나가 욕정 때문에 카시오를 부관 자리에 복직시키려 한다고 고자질할 참이다. "나는 그의 귀에 이 독약을 부어넣겠단 말씀이야." 이야고는 이런 악의적인 말을 오셀로에게 속삭이듯 전해 그의 가슴속이 견딜 수 없는 질투심으로 가득 차게 만들어 내면으로부터 죽여 나갈 작정이다.

3막 1장

카시오, 다 된 밥에 재를…

카시오가 어릿광대와 여러 명의 악사를 만난다. 그는 어릿광대에게 에밀리아를 찾아보라고 한다. 그리고 이야고가 에밀리아를 보내 카시오를 만나게 한다. 그녀는 데스데모나와 오셀로가 지난밤에 일어난 문제를 의논하고 있다고 전한다. 데스데모나가 카시오를 두둔하는 말을 했고, 카시오를 좋아하는 오셀로가 적당한 기회에 복직시키겠다고 했다는 것이다.

3막 1장은 관객들에게 희극적인 휴식을 제공한다. 격정적인 장면으로 넘어가기 전에 1막과 2막에서 고조시킨 긴장감을 풀어 잠시 숨 돌릴 시간을 주는 것이다. 때와 장소는 다음날 아침, 성 밖. 카시오가 오셀로와 데스데모나를 즐겁게 해 주려고 여러 명의 악사들을 불렀다.

그 자리에는 악사들 외에도 어릿광대 하나가 있다. 어릿광대는 르네상스 시대의 연극에 많이 등장하는데, 재빠른 몸짓과 야비하면서도 재치 있는 말로 관객들을 즐겁게 만드는 구실을 한다. 여기서도 어릿광대는 악사들의 연주를 '방

귀'에 비유하는 식의 익살을 부린다. 어릿광대는 오셀로가 연주에 별다른 관심을 기울이지 않자 악사들에게 돈을 집어준 뒤 "공중으로 꺼져버려, 어서!" 하고 말한다.

그때 카시오가 어릿광대에게 금화를 한 닢 건네면서 '(장군 부인의) 시중을 드는 점잖은 여인(에밀리아)'에게 가서 자기가 만나고 싶어한다는 말을 전하라고 한다.

문학적 장치 어릿광대가 퇴장하고 이야고가 등장해 카시오가 아직 잠자리에 들지 않은 것을 발견한다. 카시오가 이야고의 제안에 따라 에밀리아를 만나 데스데모나와의 만남을 주선해 줄 수 있는지 알아보기로 했다고 말한다. 이야고는 반색하면서 카시오와 데스데모나가 '좀더 마음 놓고' '대화와 볼일'을 볼 수 있도록 무어인 장군을 분주하게 만들겠다고 말한다. 오셀로의 아내와 그의 전 부관이 심각한 대화를 나눌 것을 알면서도 이야고가 오셀로를 '분주하게' 만들겠다고 하는 속내를 관객은 알고 있지만 카시오는 모른다는 점이 극적인 재미를 더해 준다. 이야고가 퇴장하자 카시오는 이야고만큼 '친절하고 정직한 사람은 내 고장 피렌체 사람 중에도 / 없을 것'이라고 말한다. 사람을 몰라도 너무 모르는 것이다.

에밀리아가 카시오에게 인사하면서 그의 불운에 대해 실망과 애석함을 전한다. 카시오는 에밀리아로부터, 이미 데스데모나가 카시오를 두둔해 남편에게 '강력하게… 말을' 했지만 '굉장한 명성과 … 대단한 친화력'을 지닌 사이프러스 총독에게 상처를 입혔기 때문에 아직 복직시키지 못하고 있는 것이란 말을 듣고는 기뻐한다. 데스데모나 역시 얼마간의 희망이 있다고 생각한다. 오셀로가 '당신(카시오)를 좋아하고, / 또… 전혀 말썽이 없는 기회를 봐서… 다시 불러들이겠다'고 말했기 때문이다. 정말 좋은 소식이고 카시오도 만족스러웠지만 너무 조급증을 내다가 부관직에 복귀하지 못하는 운명을 맞는다. 결국 그는 데스데모나와 단둘이서만 만날 수 있게 해달라고 에밀리아에게 간청해 긍정적인 답을 얻어낸다.

3막 2장

순시

오셀로가 선박 편으로 베니스 본국에 편지를 보내고 성채 순시에 나선다.

선장 편에 베니스로 보내는 편지에는 투르크 함대의 궤멸로 사이프러스가 안전해졌다는 내용이 담겨 있다. 오셀로가 성채를 둘러보는 동안 이야고는 카시오를 데스데모나에게 데려간다.

 ## 오셀로, 질투에 무릎 꿇다

카시오가 남편에게 잘 이야기해 달라며 데스데모나에게 청탁을 넣는다. 데스데모나는 카시오가 오셀로의 오랜 친구란 사실을 잘 알기 때문에 선뜻 그 부탁을 받아들인다. 그녀는 두 사람의 불화가 풀리고 카시오가 복직될 때까지 남편에게 계속 이야기하겠다고 약속한다.

오셀로와 이야고가 등장하자 어젯밤의 바보 같은 어릿광대짓 때문에 난처해진 카시오가 인사로 데스데모나를 포옹한 뒤 물러간다. 그 기회를 놓치지 않고 이야고가 "저런, 저러면 안 되지"라며 슬쩍 비난투의 말을 던진다. 오셀로의 기분이 언짢아진다. 그 후 데스데모나가 카시오를 두둔하자 오셀로는 아내를 기쁘게 해주려고 그를 만나보기로 하지만 가슴속에 품고 있는 생각 때문에 마음이 어수선하다.

이야고는 오셀로와 이야기를 나누면서 뭔가 알고 있지만 발설하지 않고 있다는 암시를 계속 내비친다. 오셀로는 오셀로대로 질투심에 사로잡혀서는 안 된다고 다짐하는데, 그 자체가 바로 약한 모습을 보여주는 것이다. 그의 마음속에서는 지금 의심과 의혹이 불타고 있다. 오셀로는 지난날의 불안을 입 밖에 낸다. 브라반쇼의 말이 맞았고, 데스데모나가 자기를 사랑한다는 것이 이상했으며, 자기가 사랑을 받기에는 너무 무섭게 생겼고, 따라서 사랑이 오래 지속될 수 없다는 것이 그 불안이다. 이야고가 떠나자 오셀로는 다른 남자들에게 눈길을 주는 여인에게 속아 결혼했을 수 있는 만큼, 그녀를 마음속에서 지워버려야겠다고 생각한다. 그는

그건 사실이 아니라고 중얼거린다.

데스데모나가 다시 등장하자 표정이 변한 오셀로는 무슨 낌새라도 찾으려는 듯 아내를 뚫어지게 쳐다본다. 데스데모나가 그의 기분을 풀어 주려고 머리에 손수건을 매어주자 그가 털어낸다. 두 사람은 식사를 하러 가고, 에밀리아가 떨어진 손수건을 줍는다. 손수건이라면 남편이 몇 차례 훔쳐오라고 독촉한 바 있기 때문에 그 손수건을 본떠 남편에게 주어야겠 다고 생각하는데 이야고가 들어와 낚아챈다.

오셀로가 나타나자 이야고는 아직 그가 마음의 평안을 되찾지 못하 고 있다는 것을 알아차린다. 아내가 부정을 저질렀다고 믿는 그의 말 속 에서 격정과 광기를 느낄 수 있기 때문이다. 오셀로가 험악한 표정으로 이야고에게 아내의 부정을 입증할 물건을 내놓으라고 말한다. 궁지에 몰린 이야고는 카시오가 잠결에 자기를 끌어안고 데스데모나라고 불렀으며, 무어인 장군에게 욕설을 퍼부었다는 이야기를 꾸며낸다. 그리고 카시오가 딸기 모양의 수가 놓인 손수건으로 이마의 땀을 닦는 모습도 보았노라고 말한다. 그 손수건이라면 바로 오셀로 자신이 데스데모나에게 준 것이 아닌가.

오셀로는 데스데모나에 대한 사랑을 깨끗이 잊기로 하고 복수를 다짐한다. 이렇게 확신하자 의혹과 혼돈에 시달릴 일도 없어졌다. 오셀로는 행동에 돌입하기로 결심하고, 이야고가 돕겠다고 맹세한다. 오셀로가 카시오를 죽이고 싶다고 하자 이야고가 그 일을 맡겠다고 나선다. 이어 오셀로는 데스데모나의 살해 방도를 놓고 궁리한다.

3막 3장은 흔히 '유혹의 3막 3장'으로 불리며, 가장 중요하고 널리 알려진 장면이라고 할 수 있다. 이야고는 치밀하게 계산된 말을 오셀로에게 던져 의심과 질투의 씨앗을 심어 놓음으로써 결국 비극적인 사태로 이어지도록 만든다. 이야고가 오셀로에게 복수할 기회를 잡는 계기가 오셀로와 카시오를 화해시키려는 데스데모나의 순진한 노력 때문이란 점은 얄궂은 일이라 하겠으며, 그 결과 살인과 자살이 뒤따르면서 피를 뿌리는 결말로 치닫는다.

3막 3장의 막이 오르면서 이 연극에서 가장 아름다운 풍경인 사이프러스 성채의 정원이 펼쳐진다. 비극의 씨

앗이 뿌려지는 상황에 비춰볼 때 역설적인 느낌을 주는 풍경이 아닐 수 없다. 마음씨 고운 데스데모나는 카시오와 이야기를 나누고 나서 그를 위해 남편을 설득하겠노라고 힘주어 말한다. 옆에 있는 에밀리아도 데스데모나가 해낼 것으로 믿는다며 거든다. 에밀리아가 남편이 '(카시오의 강등) 원인이 자신에게 있는 것처럼' 가슴 아파하고 자신과 무어인 장군의 우정이 단절되었다며 괴로워한다는 이야기를 한다. 에밀리아의 말을 듣는 순간 관객들은 믿을 수 없다고 생각할 것이다. 그런데 그 말에 데스데모나가 "참, 성실한 분이죠"라고 응답하는 것도 놀랍다. 카시오에게 '주인과 당신 사이를 다시 / 이전처럼 가깝게 만들어드릴 것'이라고 확신하는 데스데모나의 말은 극적인 역설을 더욱 고조시킨다.

카시오는 고맙다면서, 그러나 너무 지체되어서는 안 된다고 말한다. 오셀로가 차일피일 미루다가 신임 부관을 임명하면 '제 충심과 노고를 잊을지' 모르기 때문이다. 데스데모나는 우정의 맹세를 절대로 깨지 않을 것이라며 재차 안심시킨다. (나중에 오셀로는 아내가 우정의 맹세뿐만 아니라 자신과의 결혼의 맹세도 깼다고 생각한다.) 그리고는 "주인이 지칠 정도로 말할 거예요. / 잠자리도 강의실로 만들고… 그분이 무슨 일을 하건 간에 가리지 않고 카시오 이야기를 꺼낼 거예요"라며 농담까지 건넨다. 그런데 부탁을 받아들인 이상, '그 일을 포기하느니 / 차라리 죽겠다'는 그녀의 마지막 말은 마치 앞으로 벌어질 일을 예견한 듯하다.

　　그때 에밀리아가 오셀로와 이야고의 접근을 알린다. 무어 장군과 이야고가 들어서자 카시오는 지금은 마음이 뒤숭숭해서 직접 장군에게 청을 넣을 수 없다며 서둘러 자리를 뜬다. 어떤 기회건 놓치는 일이 없는 이야고가 재빨리 아내의 정절을 믿는 오셀로의 마음을 흔들어놓기 시작한다.

이야고는 자신이 정직하지만 입이 싼 증인은 아니라고 말한다. 그러면서 "저런! 저러면 안 되지!"라는 사기성 농후한 새빨간 거짓말로 기쁜 속내를 감춘다. 지금 벌어지는 상황만큼 그의 악의를 만족시켜주는 경우는 없다. 그러나 오셀로도 함께 목격한 만큼, 이야고는 그 상황이나 카시오에 대해 별로 말하고 싶지 않은 척하면서도 카시오가 그냥 돌아간 것이 아니라 '죄진 사람처럼 살그머니 달아났다'는 점을 계속 암시한다. 그는 그럴듯한 설명을 되풀이하고 마치 직접 본 것도 믿을 수 없는 양 하면서 오셀로의 잠재의식 속에 질투심을 불어넣는다.

　　데스데모나가 남편을 맞으면서 아무런 죄책감 없이 카시오의 이름을 꺼낸다. 이 비극에서는 운명이 중요한 구실을 한다. 오셀로와 데스데모나, 카시오가 이렇게 빨리, 한 자리에서 부딪히게 된 상황은 이야고가 꾸민 일이 아니었다. 데스데모나에게 연민을 느끼게 되는 것은 바로 이런 운명적인 요소 때문이다. 데스데모나가 고약한 때에 남편 앞에서 카시오의 이름을 입에 담은 것이나 그를 '청원자'라고 표현한 것은 전혀 의도된 바가 아니다. 어쨌거나 이처럼 아귀가 맞는 여러 가지 사실과 이야고가 조장한 질투심이 결국 오셀로의 잠재의식 속에서 곪아터지는 것이다. 그러나 당장은 아내가 복직을 원하는 카시오의 부탁과 두 사람의 화해를 바라는 마음을 공공연히 표현하지만 의심을 하지 않는다. 그녀는 카시오의 얼굴에서 악의를 찾아볼 수 없다면서 '모르고 잘못을 저지를지언정 잔꾀를 부릴' 사람은 아니라고 말한다. 여기서도 관객은 카시오와 이야고의 대비되는 모습을 볼 수 있다. 이야고는 '잔꾀'를 부리지만 본인 외에는 그의 이중적인 성격을 제대로 아는 사람이 없다.

오셀로는 분명 아내의 부탁을 따르겠지만 다른 측면도 고려하는 듯하다. 그는 카시오를 당장 복직시키고 싶지 않은데, 데스데모나가 끈질기게 졸라댄다. 단순히 세상물정에 어두워 자기 부탁을 관철시키겠다는 욕심 때문이거나 아니면 남편이 자기 뜻을 얼마나 따라주는지 시험해 보려는 생각일지 모른다. 이유야 어떻든 그녀는 카시오의 복직 시기를 놓고 남편을 들볶는다. "… 오늘밤 저녁식사 때요?… 내일 만찬?… / 내일 밤, 화요일 아침에 / 화요일 정오, 아니면 밤, 수요일 오전까지. / 시간을 정해 주세요. 하지만 사흘은 넘기지 마세요.… 언제 부르실래요? 말해 줘요, 여보." 아내가 어린애처럼 보채자 오셀로는 약간 짜증스러워한다. "아, 알았소. 오고 싶을 때 오라고 하시오. 당신 청은 뭐든 들어주겠소.”

데스데모나는 오셀로의 대답이 무뚝뚝하다고 느끼면서도 중요한 부탁이라고 다시 한 번 강조한다. 오셀로 역시 부탁을 들어주겠다고 재차 강조하고, 잠깐 동안 혼자 있게 해주면 곧 그녀에게 가겠다고 말한다.

데스데모나가 자리를 뜨자 오셀로는 아내에게 짜증을 냈던 자신을 꾸짖는다. “사랑스러운 것! 내가 너를 사랑하지 않는다고 하면 내 영혼에 파멸이 와도 좋다. 너를 사랑하지 않게 되면 그때는 이 세상에 다시 혼돈이 찾아들 것이다.” 데스데모나와 잠시 떨어지면서 주고받은 말뿐만 아니라 그녀가 자리를 떠난 뒤 오셀로가 한 말에서도 앞으로 닥칠 비극을 암시하는 요소가 들어 있다. 은유적인 의미에서 파멸은 곧 오셀로의 영혼을 덮치고, 혼돈은 그의 삶의 질서를 깨뜨려버린다.

오셀로와 단둘이 남은 이야고가 다시 장군을 괴롭히기 시작한다. 그는 단순한 호기심 때문인 양, 오셀로가 데스데모나에게 구애하던 시기에 카시오가 ‘두 사람의 사랑’을 정말 알고 있었느냐고 묻는다. 여기서도 이야고는 오셀로의 기억을 들쑤셔 데스데모나와 카시오가 서로 얼마간 알고 지냈다는 사실을 되새기게 한다. 이어 오셀로와의 관계 때문에 어쩔 수 없이 입을 열지만 몇몇 고약한 생각을 밝히라고 몰아치지는 말라고 부탁한다. 여기서 관객들은 이야고가 정직하다는 세평을 얼마나 교묘히 이용하는지를 알 수 있다.

이야고가 연극 전체에서, 특히 3막 3장에서 매우 정직한 사람이란 평판을 받고 있다는 사실을 잊어서는 안 된다. 따라서 이야고가 망설이며 눈살을 찌푸리는 모습을 보이자 오셀로가 깜짝 놀란다. 이야고를 '거짓되고 불충한 악당'이 아니라 '애정과 정직성이 넘치는' 사람으로 알고 있는 오셀로는 이야고가 두려워하는 사안이라면 분명 '마음속에서 우러난' 걱정임이 분명하다고 생각한다. 이야고가 뭔가를 감추고 있다고 확신한 오셀로는 '가장 고약한 생각을 / 가장 고약한 말'로 밝히라고 요구한다. 이야고는 그것을 밝히면 마치 자기의 명예가 손상된다고 생각하는 듯이 보이게 하여 다시 한 번 거짓말을 한다. '고약한 억측'인지 모르는 만큼 입을 열고 싶지 않다는 것이다.

이야고가 시간을 끌고 있지만 '가장 고약한 생각'을 입 밖에 낼 것임은 의심의 여지가 없다. 처음에 그는 '질투'라는 말만을 강조해 오셀로의 상상력 속에 그것을 깊숙이 심어놓는다. 이어 경건한 체하면서 이 '파리한 눈빛의 괴물'을 경계할 것과, 감정에 사로잡혀서는 안 된다며 오셀로의 '지혜'를 들먹인다. 그리고는 도덕적 열정이 넘치는 사람인 양, 명예를 찬미한다. 앞서 카시오와 명예를 놓고 이야기할 때는 정반대의 견해를 밝힌 바 있다는 사실을 기억하자. 2막 3장에서 카시오에게 "명예란 헛되고 가장 그릇된 겉치레일 뿐입니다. 별다른 공적도 없이 받았다가 그럴 만한 이유도 없이 사라지는 일이 잦지요"라고 말하지 않았던가. 그러나 여기서는 명예나 좋은 평판이 '영혼의 보배'라는 것이다. ("가령 지갑을 훔쳐간 놈은 쓰레기를 훔친 셈이지만… / 좋은 평판을 앗아갔다면 그에게는 전혀 이득이 없더라도 / 저는 손해를 보는 셈이지요.")

여기서 오셀로가 베니스 대공에게 한 말을 상기할 필요가 있다. 오셀로는 전쟁터에서는 탁월한 능력을 발휘하지만 그의 말마따나 사회생활에 관해서는 물정을 모르는 숙맥이나 다름없다. 그런 점을 익히 알고 있는 이야고는 오셀로에게, 데스데모나가 아버지를 속이고 결혼한 사실을 상기시킨다. 데스데모나는 아버지인 브라반쇼에게 오셀로의 검은 얼굴이 무서운 척했고, 오셀로의 이국적인 태도에 전율하는 체했지만 실은 '그녀가 (오셀로의 용모와 태도를) 가장 사랑했던' 때였다는 것이다. 여기서 암시하고자 하는 사실은 명백하다. 이야고는 그 내용을 굳이 밝힐 필요가 없다. 아버지와 같은 혈육을 기만하는 여자라면 남편을 속이는 것은 일도 아니란 뜻이다.

이런 논리는 상당한 설득력이 있다. 게다가 그는 중간중간 이야기를 중단한 채 오셀로의 용서를 구하는 동시에, 충성심과 존경심 때문에 솔직하게 털어놓는 것이라며 교활함을 보인다. 관객들은 "자네 호의는 평생 잊지 않겠네"라는 오셀로의 말을 듣고는 그가 이야고의 덫에 제대로 걸려들었다는 것을 느끼게 된다.

이야고는 오셀로와 헤어지기 전에 자신의 정직성을 굳

게 믿도록 만들고 오셀로의 질투심이 한껏 달아오르게 하려고 더욱 안간힘을 쓴다. 그리고는 카시오가 '소중한 친구'라고 강조하는데, 친구에 대해 거짓으로 꾸며댈 작자가 어디 있겠느냐며 자기 말을 액면 그대로 받아들이라는 의미가 들어 있다. 그러나 이야고는 오셀로가 방금 들은 내용을 이미 과장되게 받아들이고 있다고 확신하고는 '아무래도 기분이 약간 상하신 모양'이라고 말하는데, 오셀로는 그 이상이다. 그는 이제 전처럼 아내의 정절을 믿지 않고 '타고난 부정' 가능성을 곰곰이 생각해 본다. 이런 생각은 1막 2장에서 장인이 한 말과 비슷하다. 오셀로는 에밀리아를 시켜 데스데모나를 감시해 달라고 부탁한다. 이야고와 작별인사를 나눈 그는 무엇 때문에 결혼했을까, 하고 고통스럽게 자문하고, '저 정직한 놈(이야고)은 지금 말한 것보다 더 많이, 훨씬 더 많이 보고 또 알고 있을 게' 분명하다고 생각한다.

이제 우리는 오셀로의 독백을 듣게 된다. 이 독백에서 드러내는 비유적 표현을 보면 그의 품성에 굉장한 변화가 나타나고 있음을 알 수 있다. 그가 확신하는 것은 이야고의 '대단한 정직성'뿐이며, 데스데모나의 정절을 입증하거나 반증해야 한다는 데 집착하고 있다. 실제로 아내의 부정을 확인한다면 '그녀를 놓아주어 / 제멋대로 먹이를 찾게 할' 생각이다. 즉 그녀를 내쫓아서 혼자 힘으로 살아가도록 하겠다는 것이다. 그리고는 아내가 부정을 저지른 이유가 무엇인지를 곰

곰이 생각하기 시작한다. 그는 고통스럽게 자신을 돌아보며 검은 피부와 세련된 대화술 부족, '늙바탕에 접어든'(데스데모나보다 훨씬 나이가 많음) 사실을 저주하고, 이 모든 것이 합쳐지면 아내가 잠자리를 외면할 수도 있겠다는 생각이 든다.

오셀로의 심적인 고통은 이 연극의 감성적 클라이맥스로 접근해 가고, 여기서 첫 번째 전환점이 나타난다. 오셀로는 데스데모나가 부정을 저지르고 있고 자신은 보잘것없는 존재라는 비합리적인 생각으로 심한 갈등을 겪는다. 그는 노인이자 부정한 아내의 늙은 남편으로서 아내를 비이성적이고 맹목적으로 소중하게 여겼다고 생각한다. 몇 시간 전만 해도 팔팔한 신랑이던 사람이 수치스러운 모습으로 변해 있는 것이다. 전에는 스스로 '지체 높은 사람' 축에 든다고 생각했지만 그러한 자긍심은 물론, 데스데모나의 사랑을 받는다는 자부심도 산산조각 났고, 자신을 땅속에 들어앉은 두꺼비에 비유하는 식의 자기혐오증으로 피폐해져 '피할 수 없는 운명'의 저주를 받고 있다.

그는 데스데모나와 에밀리아가 들어오자 절망적인 무력감에서 벗어나 아내의 부정을 믿지 않겠다고 다짐하면서 하늘에 간절히 호소하던 마음으로 잠깐 돌아간다. 그는 데스데모나와 몇 마디 대화를 주고받으면서 두통이 난다며 힘없이 말한다. 데스데모나가 남편의 아픈 머리를 손수건으로 동여매 주자 그가 손수건이 너무 짧다며 밀어낸다. 손수건이 스르르

바닥에 떨어진다. 등장인물들은 눈치 채지 못하지만 관객들은 데스데모나가 애지중지하며 늘 가지고 다니는 그 손수건을 놓치지 않는다. 이 손수건은 오셀로가 맨 처음에 준 선물 가운데 하나로 항상 간직해 달라고 부탁했고, 데스데모나는 그 당부를 그대로 따르고 있다. 에밀리아는 데스데모나가 이 손수건에 입 맞추고 이야기하는 모습을 가끔씩 본 적이 있다. 바로 이 손수건이 카시오의 수중에 들어감으로써 오셀로가 데스데모나에 대한 믿음을 모두 버리게 되는 유력한 '물증'이 된다.

문체 탐색 혼자 남은 에밀리아가 손수건을 줍는다. 그녀는 데스데모나가 이 손수건을 얼마나 애지중지하는지 잘 알고 있지만 이야고가 여러 차례 그것을 '살짝 가져오라'고 부탁한 사실을 떠올린다. 남편이 왜 그러는지는 모르겠지만 이제 그 손수건의 딸기 문양을 본떠 하나를 만들어 별난 남편에게 줄 생각이다. 여기서 에밀리아가 이야고의 부탁을 전하는 가운데 '살짝 가져오라'는 말과 '훔쳐오라'는 말을 두 차례 쓴 점에 주목하자.

이야고가 등장해 에밀리아와 잠시 이야기를 나눈다. 그런데 꼭 손에 넣고 싶었던 손수건을 아내가 가지고 있는 것이 아닌가. 그는 아내 손에서 손수건을 낚아채지만 어디에 쓸 것인지는 밝히지 않는다. 에밀리아가 떠나자 그는 계획의 다음 단계를 밝힌다. 먼저 카시오의 숙소에 그 손수건을 떨어뜨려 카시오가 발견하게 만든다. 그가 손수건을 주워 지니고 있다가 오셀로의 눈에 띄게 되면 그의 의심은 이야고의 '독약' 때문에 한껏 고조될 것이다. '공기처럼 아주 가벼운 것이라도 질투에 사로잡힌 사람에게는 성서 구절만큼이나 효과 만점의 증거가 되기' 때문이다. 그렇게 되면 오셀로는 데스데모나가 카시오에게 정표로 그 손수건을 주었거나 카시오의 숙소에서 밀회를 즐긴 뒤 떨어뜨렸다고 판단할 것이다. 사실 어떤 판단이 꼭 필요한 것은 아니다. 오셀로처럼 질투심에 휩싸인 사람에게는 손수건 그 자체가 암시하는 것만으로 충분한 셈이다. 이때쯤 오셀로의 피는 '유황 광산처럼 불타오르고' 있다. 그러한 지옥 같은 고통을 유발시킨 이야고가 얼마나 악독한 인물인지를 그대로 보여주는 예라고 하겠다.

오셀로가 등장하자 그의 피폐한 모습이 이야고와 관객의 눈에 또렷하게 비친다. 편안하게 잠을 자지 못한 얼굴이다. 아편이건 맨드레이크 뿌리 추출물이건, 그 어떤 수면제도 그를 편안한 수면으로 이끌지 못할 것이다. 오셀로가 잠시 정신을 가다듬은 듯, 못된 짓을 했다고 고함을 치면서 이야고를 내쫓다가 절망적인 심정으로 빠져든다. 오셀로는 이야고의 사악한 짓이 '(나를) 고문대에 올려놓았다'면서 아내의 부정 '혐의'를 모르고 있었던 것이 나을 뻔했다고 한탄한다. 그는 상상 속에서 '욕정에 들뜬 아내의 은밀한 시간과… 아내의 입술에서 카시오의 키스 맛'을 보았다. 그는 모든 부하 장병들이 '그녀의 아름다운 몸을 향락'했더라도 그런 사실을 모르고 있던 쪽이 더 좋았을 것이라고 울부짖지만, 지금은 이미 의심으로 인한 정신적 고통 때문에 마음의 평안은 완전히 사라진 상태다.

뒤이은 멋진 '작별 인사'는 모범적인 지휘관이자 탁월한 군인 오셀로가 얼마나 많은 것을 잃었는지를 강조한다. "직분도 끝났어!" 믿기지 않는다는 표정을 짓고 있는 이야고에게 오셀로가 몇 마디 던지자 그는 위험을 감지한다. "이놈아, 내 아내가 음탕한 여인이라면 확실하게 증명해 보거라." 모사꾼 이야고는 어떤 자구책이 필요한지를 잘 안다. 그는 오셀로에게 충성하고 걱정하는 마음뿐인 체하며 값진 교훈을 얻었다고 말한다. "앞으로는 어떤 친구에게도 친절하게 하지 않을 생각입니다. 친절하게 하면 원망을 낳을 뿐이니까요." 오셀로가 곧바로 이야고에게 정직한 사람이라며 한 발 물러서자 그는 당분간은 안전하리라고 생각한다. 그는 오셀로를 쳐다보며 '흥분에 휩싸여 있다'고 말하면서 그의 비탄을 어루만지는 체한다.

이야고는 어떤 증거를 내놓으면 의심이 풀리겠느냐고 반문한다. 이야고는 상스러운 섹스 냄새가 나는 것을 머리에 떠올리고 있다. 이제 더 이상 변죽을 울릴 필요가 없다. 그는 대담한 거짓말을 한다. 최근에 카시오 옆에서 잔 적이 있는데 그날 밤 이가 아파서 눈을 붙일 수 없었다. 그런데 카시오가 '사랑스런 데스데모나'를 찾고 둘만의 사랑을 남모르게 하자며 잠꼬대를 하면서 이야고의 손을 붙잡고 키스를 했다. 그리고 다리를 그의 넓적다리에 올려놓고 계속 키스를 하면서

"당신이 무어인에게 가다니!"라며 운명을 저주하더란 것이다. 이것이 카시오가 데스데모나와 불륜 관계를 맺고 있다는 사실을 오셀로에게 분명하게 확인시켜주는 '증거'다.

오셀로가 흥분해서 "아, 망측하다! 망측해!" 하고 소리친다. 영리한 이야고는 재빨리 카시오가 꿈결에 한 짓일 뿐이라고 상기시키지만 그의 예상처럼 오셀로는 다르게 생각한다. 격분한 오셀로가 데스데모나를 갈기갈기 찢어버리겠다고 외친다. 여기서 이야고의 독이 스며들면서 미친 듯이 날뛰는 이 광인을 고상한 무어인과 비교해 보라. 몇 시간 전만 해도 그는 완벽하게 절제된 모습을 보여주지 않았던가.

그러나 오셀로가 아직도 광기를 제대로 드러내지 않고 있다고 생각한 이야고는 딸기 모양의 정교한 수가 놓인 손수건 이야기를 꺼낸다. 오셀로는 아내에게 준 손수건임을 곧바로 기억해낸다. 이야고는 바로 오늘 카시오가 그 손수건으로 '수염 닦는' 것을 보았노라고 말한다. 오셀로가 격분하는 모습에 비춰볼 때 지금까지의 모든 의심이 완전한 사실로 마음속에 자리 잡는 것 같다. "이렇게 나는 분별없는 사랑을 모두 땅에 팽개쳐버리겠다. / 꺼져라." 그는 매우 수사적인 표현인 '시꺼먼 복수'와 '잔학한 증오'를 길게 발음하듯 외친다.

이야고가 다시 마음이 변할지도 모르니 진정하라고 말하자 오셀로는 그 유명한 폰틱 해(흑해)의 직유에서 '피범벅의 일념'을 폰틱 해의 격류에 비유한다. 이 격류는 뒤로 밀려가는 일 없이 프로폰틱과 헬레스폰트의 합류점까지 곧장 흘러간다. 오셀로는 (비극적인 영웅이 흔히 그렇듯) 자신의 높은 신분을 강조하면서 막강한 자연의 힘과 자신을 동일시한다. 여기서는 일단 방향을 결정하면 되돌아서는 일이 없는 오셀로의 외곬 성격도 그대로 드러난다.

오셀로는 '수단방법을 가리지 않고 마음껏 복수하겠다'고 엄숙히 맹세하면서 무릎을 꿇는다. 그는 '하늘'과 '경건', '신성'이란 말을 입에 올리고, 마치 개인적인 복수가 아니라 공공의 정의를 집행하는 정당한 악의 응징자로 자처한다. 이야고는 오셀로에게 일어서지 말라고 하고 옆에 무릎을 꿇으며 '배신당한 오셀로를 위해' 몸을 바치겠다고 다짐한다. 이어 일어선 오셀로가 이야고의 성의에 '고마움을 표하고', 사흘 이내에 카시오를 저 세상으로 보내라며 충성심을 시험하는 명령을 내린다. 이야고로서는 더없이 반가운 지시인 셈이다. 오셀로는 데스데모나의 운명에 대해서는 '빨리 죽일 수 있는 방법'을 궁리해 보겠다고 말한다. 이야고가 쳐놓은 배반이란 거미줄에 꼼짝없이 걸려든 오셀로는 이야고를 신임 부관으로 임명한 뒤 "나는 이제 영원히 너와 한 몸이다"라는 비극적인 말을 토해 낸다.

3막 3장 마지막 부분까지도 이야고는 오셀로를 완전히 손아귀에 넣지 못했다. 오셀로를 절망의 구렁텅이로 몰아넣겠다는 애초의 목표를 거의 달성하긴 했지만 아직도 승리를 장담하기는 이른 것이다. 오셀로가 자신의 고통을 다시 이야고 탓이라면서 등을 돌렸기 때문이다. 이야고로서는 카시오와 데스데모나가 살아 있는 한, 자신의 입지를 굳힐 시간을 조금 번 것에 불과했다.

3막 4장

:줄거리

손수건

남편에게 청을 넣었다는 사실을 알리기 위해 카시오에게 사람을 보낸 데스데모나는 손수건이 보이지 않아 걱정을 한다. 그때 오셀로가 들어와 머리가 아프고 콧물이 나온다며 딸기 모양이 수놓인 그 손수건을 달라고 한다. 데스데모나가 카시오 이야기를 다시 꺼내면서 손수건 이야기를 피하려 하지만 소용이 없다. 결국 오셀로는 벌컥 화를 내고 나가버린다.

숙소에서 (이야고가 갖다놓은) 데스데모나의 손수건을 발견한 카시오는 그것을 비앙카에게 건네며 똑같이 만들어달라고 부탁한다. 주인이 나타나면 손수건을 돌려줘야 하기 때문이다. 비앙카는 즉각 그 손수건이 여인네의 것임을 알아채고 다른 애인이 생겼다며 다그친다.

:풀어보기

격정이 넘실대던 앞 장과 달리 3막 4장에서는 같은 문제를 다른 관점, 특히 질투심을 좀더 에둘러 살펴보는 모습이 엿보인다.

우선 어릿광대가 전체 분위기와 대비되는 익살스런 언행으로 잠시 긴장을 풀어준다. 한편, 데스데모나는 손수건을 잃어버려 은근히 걱정하고 있지만 그 손수건의 행방을 알고 있는 에밀리아는 입을 다물고 있다. 데스데모나는 남편이 질투심이 없는 사람이라고 자신하거나 아니면 최소한 그렇게 기대하고 있는데, 에밀리아는 사내란 모두 시샘이 있다고 생각한다.

오셀로와 데스데모나의 대화는 딱딱하고 형식적인 말투로 시작된다. 가령 '우리 착한 아내'라고 지칭하는 식이다. 데스데모나도 눈치를 채고 딱딱한 말투로 대답한다. 두 사람의 대화는 서로 엇갈린 의도를 나타낸다. 오셀로는 아내의 촉촉한 손이 욕정을 암시한다고 생각하지만 데스데모나는 아직 젊고 슬픔을 모르는 탓이라고 말한다. 그러자 오셀로는 지금까지의 행복한 사랑에 생각이 미친 듯, '부드럽고 숨김없는 손'임을 수긍한다. 그들 사이의 유대감이 되살아나면서 그는 아내를 '내 사랑'이라는 식의 애칭으로 부른다. 그러나 데스데모나가 카시오 이야기를 다시 꺼내면서 그 유대감은 곧바로 깨진다. 오셀로가 다시 손수건이 어디 있느냐고 다그치지만 데스데모나는 내보이지 못한다.

오셀로가 손수건의 유래를 설명해 준다. 그 손수건은 어머니로부터 물려받았으며, 이집트의 여자 마법사가 남편의 사랑을 지킬 수 있는 부적 같은 장식물로 어머니에게 준 것이다. 따라서 그 손수건을 잃어버리면 사랑도 잃게 된다. 오셀로와 데스데모나는 그 유래 속에 전설적인 요소가 들어 있는 점 때문에 맹목적으로 믿는 눈치다. 특히 손수건을 잃어버려 걱정하는 데스데모나는 그때까지 단순한 정표로 여겼던 물건에 새삼 큰 의미를 부여한다.

데스데모나는 당황한 나머지 거짓말을 한다. "없어지진 않았어요. 하지만 없어졌다면 어떻게 하실 거예요?" 이렇게 말한 그녀는 카시오 이야기로 되돌아가려 한다. 아내의 속셈을 간파한 오셀로는 거듭 '손수건' 이야기를 하다가 화를 내며 소리를 지른다. 아내에게 그 손수건이 없다는 사실을 확인했고, 카시오가 그 손수건으로 수염을 닦는 모습이 연상되어 피가 거꾸로 솟구친다. 한때 사랑과 정절의 상징이었던 손수건이 이젠 배신의 상징이 되고만 것이다.

이야고가 카시오를 데리고 데스데모나를 찾아온다. 그녀는 오셀로가 왜 저렇게 화를 내는지 모르겠다고 말한다. 에밀리아가 터무니없는 질투심에 대해 한마디 한다. "그러나 질투심 많은 사람은 그런 대답만으로 만족하지 않아요. 그럴 만한 이유가 있어서 시샘하는 게 아니거든요. 질투심이 나기 때문에 질투하는 것뿐이에요. 질투심이란 건, 스스로 생기고 저절로 태어나는 괴물이니까요." 이 말은 "그건 파리한 눈빛을 한 괴물인데, 사람의 마음을 음식인 양 먹어치우기 전에 조롱을 하는 그런 괴물이다"라는 이야고의 말을 연상시킨다. 에밀리아와 이야고의 말에 비춰보면 두 사람은 결혼생활을 하면서 질투 문제로 많은 대화를 나눴다는 사실이 드러난다. 한

편, 카시오와 비앙카는 카시오가 숙소에서 주운 손수건을 놓고 아옹다옹한다. 여자 손수건이란 것을 알아챈 비앙카가 카시오에게 새 애인이 생겼다고 생각하고 시샘을 하는 것이다.

데스데모나의 담백하고 숨김없는 믿음은 오셀로의 음침한 의심과 대비된다. 그리고 에밀리아는 질투가 무분별한 사람들의 특성이라고 생각하는데, 그것 또한 3장에서 오셀로가 실제로 겪은 개인적 고통과 대조를 이룬다. 데스데모나와 에밀리아는 오셀로가 역정을 낸 이유가 무엇인지 생각하다가 뚜렷한 증거가 없어 똑 떨어진 판단을 내리지 못한다. 이 또한 3장에서 오셀로의 머리를 어지럽힌 일련의 잡념과 대비된다. 그는 잡념에 시달리면서 구체적인 증거가 별로 없는데도 자신과 자신의 결혼에 대한 인식을 완전히 바꿔버린다.

문학적 장치 아무런 부정이 저질러지지 않았음에도 격분하면서 질투심에 휩싸이는 것은 정말 극적인 역설이라고 하겠다. 오셀로는 아내에게, 비앙카는 카시오에게, 이야고는 지난날 에밀리아에게 각각 질투심을 느꼈다. 에밀리아는 질투심을 남성의 속성으로 인식한다. 이런 그녀를 제외하곤 모든 등장인물들이 질투심을 혼자서 극복하려고 한다.

 **: 줄거리**

이야고의 손에 놀아나는 오셀로

오셀로를 만난 이야고는 카시오가 데스데모나와의 동침을 자백했다고 말한다. 오셀로는 너무나 큰 충격을 받은 나머지 횡설수설하더니 실신한다. 카시오가 나타나자 이야고는 오셀로가 간질 발작을 일으켰다면서 전에도 발작이 있었다고 말한다. 두 사람은 아무런 처치도 하지 않고 발작이 그대로 진행되도록 내버려둔다. 이야고가 나중에 다시 오라며 카시오를 보낸다. 의식을 되찾은 오셀로는 아내들이 부정을 저지르는 경우가 적잖은데, 자신도 그런 처지에 빠진 남편 가운데 한 사람이라고 말한다. 이야고는 카시오가 곧 올 테니 숨어서 그의 표정을 살펴보라며, 카시오를 꾀어 데스데모나와의 간통 사실을 털어놓게 만들겠다고 한다.

위축된 채 격정에 휩싸인 오셀로는 이야고에게 조종당하고 있다는 사실을 깨닫지 못한다. 이야고가 카시오와 비앙카 이야기를 나눈다. 오셀로는 카시오가 미소 짓고 폭소를 터뜨리는 모습을 지켜보지만 세세한 대화 내용은 들리지 않기 때문에 그가 데스데모나의 깊은 사랑을 화제로 삼아 농담을 지껄이는 것으로 생각한다. 그때 비앙카가 데스데모나의 손수건을 들고 나타나 카시오에게 돌려준다. 카시오의 정부 손에 들어가 있는 아내의 손수건은 그가 찾고 있던 '눈에 보이는 증거'다. 데스데모나의 부정을 확신한 그는 그날 밤으로 카시오와 데스데모나를 꼭 죽여야겠다고 생각한다.

　　이야고는 오셀로를 위로하고 안심시키는 체하면서 아픈 상처에 소금을 뿌리고 있다. 두 사람은 배신이냐 아니냐라는 가상적인 행위들을 놓고 대화를 나누지만, 오셀로는 데스데모나와 카시오가 바로 그런 행위들을 저지르고 있다고 생각한다. 그러나 이 대화도 손수건이란 특정 문제로 나아가는 시작에 불과하다. 손수건이 아내의 정절을 상징하는 것으로 생각하는 오셀로가 그 손수건 이야기만 나오면 흥분한다는 점을 잘 알고 있는 이야고는 손수건은 손수건일 뿐이라고 말한다. "그녀의 것이라면 그걸 어떤 사내에게 주건 상관없을 것 같습니다." 이야고가 손수건 이야기를 계속 꺼내자 오셀로는 버럭 소리를 지른다.

문체 탐색 이야고는 오셀로가 발광 직전 상태라고 판단한다. 앞서 그가 예상 밖의 격렬한 반응을 보인 점을 감안할 때 어디까지 몰아붙여야 할지, 이야고로서는 판단이 어렵다. 그렇다고 현재와 같은 심리상태를 그대로 방치할 수도 없다. 그가 어떤 행동을 할지 모르기 때문이다. 이야고는 카시오가 데스데모나와의 동침을 고백했다고 새빨간 거짓말을 한다. 이번에도 역시 머뭇거리며 선뜻 입을 열지 않는 방법을 쓴다. 그동안 번번이 효과만점이지 않았던가. 거짓말쟁이 이야고가 거짓을 말함으로써 다시 '거짓말'이란 단어로 되돌아온 셈이다. 여기서 '거짓말'이란 단어는 두 사람의 대화를 통해 이중적인 의미를 반영한다. 부정한 두 연인을 떠올리게 함으로써 오셀로를 괴롭히는 동시에 진실을 악용하는 이야고를 나무라는 것이다.

오셀로는 미친 사람처럼 날뛴다. 그의 말은 '손수건'과 '고백했다'는 두 단어를 휘감으며 터져 나오고, 그는 마침내 기절해 쓰러진다. 격심한 중압감에 시달린 마음이 잠시 무의식 속으로 도피한 셈이다. 이야고는 동정하거나 놀라지도 않은 채 약발(독설)이 제대로 퍼지고 있는 것을 흡족해 할 뿐이다.

카시오가 오셀로의 관자놀이 부분을 문질러주자고 하지만 이야고는 의식을 되찾을 때까지 내버려두자면서 그 기회를 틈타 오셀로가 간질 발작을 일으키고 광기를 보인다는 말을 한다. 이런 말은 나중에 오셀로의 이야기를 카시오가 이상하게 생각할 경우에 대비한 일종의 방어수단이다.

이야고는 오셀로에게 숨어서 자신이 카시오와 나누는 이야기를 들으며 지켜보라고 권한다. 전쟁터에서 많은 군대를 지휘했던 오셀로는 웅크린 자세로 어떤 물체 뒤에 몸을 숨긴 채, 잘 들리지도 않는 대화에 귀를 기울이며 카시오와 아내에게 비웃음을 당한다는 상상이나 하는 초라한 신세로 전락한다. 사실 이런 술책은 이야고에게 상당한 위험부담이 따른다. 카시오가 무슨 말을 할지, 또 오셀로가 어느 정도나 엿들을 수 있는지를 이야고가 마음대로 통제할 수 없기 때문이다. 그는 카시오가 비앙카를 비웃고 조롱하도록 유도함으로써 오셀로가 보고 듣는 모습이 카시오와 아내의 부정을 뒷받침하는 증거인 양 믿게 만들려고 한다. 그런데 비앙카가 딸기 모양의 수가 놓인 손수건을 들고 불쑥 나타나, 카시오가 새로운 애인의 선물과 똑같은 것을 만들어달라고 부탁했다며 나무란다. 그 손수건을 보는 순간 오셀로에게서 다른 생각은 모두 사라져버린다.

오셀로는 곧바로 핵심으로 들어간다. "이야고, 저놈을 어떻게 죽일까?" 오셀로는 오늘밤 아내도 죽이겠다고 다짐하며, 욕을 퍼붓다가도 그리운 마음에서 눈물을 흘리기도 한다. 사랑과 살인의 감정이 뒤범벅이 된 상태다. "절대로 살려두지 않을 테다, 절대로. 내 심장은 돌이 되어버렸고…"

오셀로가 카시오와 데스데모나를 함께 죽이겠다고 맹세한 것은 이번이 두 번째다. 그러나 복수의 다짐 속에 사랑의 감정이 계속 배어 있어 적잖이 불안한 이야고는 오셀로의 살인 의지가 흔들리지 않도록 밀어붙여야 한다. 따라서 오셀로에게 명예와 체면을 생각하라고 부추긴다. "부인의 부정을 그렇게 안쓰럽게 생각하실 바에야, 차라리 정식으로 간통을 허락하십시오. 장군께서 아무렇지 않다면 다른 사람은 개의할 바가 아닙니다." 아내가 다른 사내들과 놀아나도록 허락하라는 말에 울화가 치민 오셀로가 소리친다. "그년을 갈기갈기 찢어놓겠어." 오셀로가 뱉은 가장 위협적인 언사로 나중에 그는 이 말을 한 것을 후회한다.

오셀로는 여전히 아내에 대한 깊은 정에 이끌릴 수 있다는 점을 알기 때문에 얼마간 거리를 둔 상태에서 아내를 죽일 수 있도록 독약을 가져오라고 말한다. 그러다가 그녀의 침대에서 목졸라 죽이는 것이 좋겠다는 이야고의 제안이 일리가 있다며, 그녀가 더럽힌 침대를 상상한다. 이야고는 카시오를, 오셀로는 데스데모나를 죽이기로 두 사람은 의견을 모은다. 이야고는 운이 좋은 데다 계획도 잘 풀려 오셀로를 거의 마음대로 조정할 정도가 되었다.

데스데모나의 사촌 로도비코가 오셀로에게 전하는 편지를 가지고 베니스에서 막 도착했다. 신혼부부의 행복한 모습을 기대했던 그는 막상 와서 보니 두 사람은 서로 말도 하지 않고 있다. 로도비코는 오셀로가 "악마야"라고 소리치며 데스데모나를 때리자 깜짝 놀라지만 간섭했다가 자칫 사태를 더욱 악화시킬 것 같은 생각이 든다. 오셀로와 데스데모나는 두 사람만의 문제로 얽혀 있어 제3자가 끼어들기 어려운 상황이다. 더구나 오셀로는 아내조차 끼어들 여지가 없는 내면의 갈등에 휩싸여 있다. 다른 사람이 보기에는 이런 일이 모두 미친 짓처럼 비친다. 로도비코는 완전히 달라진 오셀로의 모습에 자지러질 듯 놀란다. "그 고결한 무어인 장군… 지조가 굳고 / 어떤 사건이나 재난에도 꺾이거나 무너지지 않는다는 그 사람이란 말인가."

이야고는 오셀로에게 베니스 귀환 명령이 떨어지고, 후

임에 카시오가 임명된 것을 알게 된다. 따라서 서둘러 카시오
와 데스데모나를 처치하지 않으면 자신이 꾸민 일이 탄로 날
것도 알고 있다. 그는 로도비코에게 오셀로를 잘 지켜봐야 한
다고 말한다. 오셀로가 점차 광기를 보인다는 로도비코의 의
심을 부채질하기 위해서다.

:줄거리 이야고, 음모에 로더리고를

　　오셀로가 에밀리아에게 데스데모나에 대해 캐묻지만 데스데모나와 카시오 사이에는 거리낄 만한 일이 전혀 없다고 답한다. 그러나 그는 의심을 접기는커녕, 데스데모나가 매우 교활해서 하녀인 에밀리아까지 감쪽같이 속인 것으로 생각한다. 데스데모나를 만나자 내쫓겠다고 위협하면서 '음탕한 여자', '매춘부'라며 욕을 해대자 그녀는 곧바로 강하게 부인한다.

　　에밀리아가 등장하고 오셀로가 퇴장한다. 기가 푹 꺾인 데스데모나는 벌을 받고 있다는 생각을 하지만 무엇 때문인지는 모른다. 에밀리아는 오셀로가 어떤 못된 사람의 말을 듣고 아내를 미워하고 질투한다는 생각이 든다. 데스데모나가 이야고에게 조언을 구하자 국정문제 때문에 화풀이를 한 것이라고 대답한다.

　　로더리고가 그동안 데스데모나의 사랑을 얻기 위해 할 만큼 했으니 이제는 포기할 생각이라고 하자 이야고가 카시오를 죽이라는 대담한 제안을 한다. 후임자인 카시오가 죽으면 오셀로가 다른 지역으로 전보되지 않기 때문에 데스데모나를 사이프러스에 남도록 만들 수 있다는 것이다. 로더리고는 그 말에 넘어가고 만다.

오셀로는 데스데모나의 불륜 증거를 찾기 위해 아내의 하녀 에밀리아에게 이것저것 캐묻는다. 아내가 부정을 저질렀다고 단정하면서도 자기합리화를 위해 계속 증거를 찾고 있는 것이다. 진상을 밝히겠다는 사람으로서는 온당한 심리상태가 아니다. 또한 사이프러스의 법과 질서를 책임지고 있는 군사령관의 심리상태로서도 분명 합당하지 않다. 사실 그는 어느 정도는 실성한 상태로, 망상과 강박관념에 사로잡혀 다른 쪽으로는 생각할 수 없는 지경이다.

에밀리아는 데스데모나가 정숙하다고 강조하면서, 어떤 악당이 오셀로와 아내 사이를 이간질하려고 거짓말을 하고 있는 것이란 생각을 밝힌다. 이때부터 그녀는 이 문제에 생각이 미칠 때마다 그 이론을 키워나간다. 그녀의 판단이 한 치의 어긋남도 없이 들어맞았지만 그녀는 '그 비열한 인간'의 정체를 너무 늦게 알아챈다. 에밀리아는 남자들을 별로 대수롭지 않게 보면서도 남편이 정직하다는 점에 대해서는 확고하게 믿는다. 오셀로는 자신의 의심을 되새겨보기는커녕 데스데모나가 너무 교활해서 죄를 짓고도 기도하는 모습으로 하녀를 비롯한 모든 사람들로 하여금 자신의 결백을 믿게 만든다고 보고, 아내의 배신을 굳게 확신한다.

셰익스피어는 오셀로가 데스데모나와 단둘이 대화를

나눌 때 희망과 공포감이 균형을 이루도록 한다. 데스데모나는 자기가 '진실하고 충실한 아내'라며, '끔찍할 정도로 부정한' 여인이자 '매춘부'라는 오셀로의 비난을 막으려고 한다. 사실 오셀로가 이런 식으로 비난하는 것은 과장이다. 아내가 카시오와 정사를 가졌다고 생각하기 때문이겠지만 극도의 흥분상태를 보이는 오셀로나 셰익스피어의 연극에 등장하는 많은 인물에게는 어쩌다 바람을 피운 여인이나 직업적인 매춘부나 아무런 차이가 없다. 그들은 모두 '부정한' 여인이란 묶음 속에 들어가는 것이다.

데스데모나는 이런 비난을 깡그리 부인하지만 남편은 경멸하는 표정으로 험한 욕을 퍼부으면서 그녀가 매춘부인 양 돈을 던져주고는 나가버린다. 오셀로는 비난했다가 반박당했으면서도 자신의 의심을 되짚어볼 생각은 하지 않고 화만 내고 만다.

데스데모나는 에밀리아에게 '정신이 멍하다'고 말한다. 남편과의 문제를 드러내지 않으려는 거짓말이거나 심정적 탈진상태를 보인 것이리라. 에밀리아는 이야기를 더 나누려고 하지만 데스데모나는 울음이 터져나오기 직전이다. 그렇다고 울 수도 없다. 그런 상황에서도 그녀는 첫날밤용 홑이불만 생각한다. 그 홑이불은 넉넉한 집안의 규수가 챙겨오는 중요한 혼수품 중 하나인데, 가장 좋은 천을 끊어 신부가 오랜 시간 정성스레 수를 놓아 만든다. 지중해 일대의 몇몇 나라에서는

결혼식이 끝나면 신랑 신부가 이 홑이불을 깔고 첫날밤을 보
낸 뒤 다음날 아침 신부가 숫처녀임을 보여주기 위해 발코니
에 그것을 내건다. 이처럼 첫날밤용 홑이불은 모든 일이 제대
로 이루어졌음을 서로에게, 또 다른 사람들에게 알리는 상징
이다. 데스데모나는 그 홑이불을 침대에 다시 깔아 그들의 사
랑을 새롭게 다지고, 오셀로에게도 사랑을 베풀 의무가 있다
는 사실을 상기시킬 작정이다.

　이야고는 오셀로가 데스데모나를 어떤 식으로 몰아붙
였는지 궁금하지만 막상 그녀가 울음을 터뜨리자 당황한다.
"울지 마세요, 울지 마십시오. 어허 참!" 어쩌면 이야고 역시
다른 사내들처럼 여자의 눈물에 마음이 흔들릴 수 있다고 생
각한 듯 연민이나 동정심을 느끼지 않도록 경계를 늦추지 않
는다. 그녀가 곧 남편 손에 죽을 것을 알고 있는 그는 지금 괴
로워하면서 눈물을 흘리는 고통쯤은 아무것도 아니라고 생각
한다. 그는 아내를 학대하는 남편에게는 바가지를 박박 긁으
라고 말한다.

　에밀리아는 오셀로의 마음을 타락시킨 작자가 누구일
지 짚어보면서 '영원히 변치 않는 악당, / 간사한 아첨배, 사기
치고 거짓말 하는 종놈'이라고 욕을 퍼붓는다. 이야고는 사실
상 자기에게 퍼붓는 에밀리아의 욕지거리를 가만히 선 채 들
을 수밖에 없다. 그는 아내를 제지하지만 아무런 소용이 없다.

　로더리고가 이야고에게 갑자기 느슨해지려고 하는 계

획에 관심을 기울이라고 말한다. 그는 자신이 처한 상황이 달갑지 않아 그만두려고 한다며, 데스데모나에게 전해 달라고 이야고에게 건넸던 보석을 되찾으려고 한다.(구애에 성공하지 못하면 선물은 구혼자에게 되돌려주는 것이 관행) 로더리고의 돈과 보석을 중간에서 가로챘던 이야고는 보석과 돈을 그대로 차지하고 로더리고가 데스데모나를 직접 찾아가 자신의 못된 행동을 폭로하지 못하도록 신속하게 대처해야 할 상황이다. 이야고가 거듭 '대단히 좋아'라고 말하자 지금까지 굉장한 인내심을 발휘하던 로더리고가 강하게 반발한다. "… 좋기는 뭐가 대단히 좋다는 거야. 굉장히 비열하고, 사기당하고 있다는 느낌이 들기 시작할 뿐이야." 로더리고는 자신이 바보 취급을 당한다고 생각하지만 실은 그 이상이다.

　여기서 관객들은 이야고가 봉으로만 생각한 로더리고에게 오히려 멋지게 당할 수도 있다는 기대를 가질 법하다. 그러나 이야고가 카시오의 살해 계획에 로더리고를 끌어들이면서 그의 반발도 수그러든다. 관객들은 그동안 계속 고조되는 오셀로의 격정과 행위에 빠려들었지만 로더리고와 이야고의 감정 변화에 잠시 눈길을 주면서 호흡을 가다듬게 된다.

4막 3장

죽음을 예감하는 데스데모나

저녁식사가 끝난 뒤 오셀로는 데스데모나에게 먼저 자라고 말하고 하녀를 보낸다. 데스데모나와 에밀리아는 오셀로의 기분에 대해 이야기를 나눈다. 에밀리아가 오셀로와 결혼한 것은 잘못이라고 하고, 데스데모나는 조금도 후회하지 않는다고 말한다. 그녀는 죽음을 예감한 듯, 자신이 죽으면 지금 침대 위에 깔려 있는 첫날밤용 홑이불로 싸달라고 부탁한다. 데스데모나는 어머니의 몸종인 바브라를 떠올리면서 '버들 노래'를 부른다. 바브라는 사랑을 나누던 남자가 실성해 자신을 버리자 버들 노래를 부르며 세상을 떠났다.

에밀리아는 두 사람의 관계가 크게 어긋나 있음을 눈치채지만 데스데모나는 남편의 사랑 문제에만 정신이 팔려 있다. 남편을 깊이 사랑하는 그녀는 그의 사랑이 식은 것인지 아니면 아직은 되살릴 수 있는 것인지를 제대로 판단하지 못하지만 막연하게나마 죽음을 예감한다. "만일 내가 에밀리아보다 먼저 죽는다면, 부탁이니 나를 싸다오, / 그 홑이불 가운데 하

나로." 데스데모나는 버림받은 여성들의 일반적 행태처럼 절
망과 비탄에 젖은 채 체념하는 반응을 보인다. 반면, 데스데모
나의 사랑과 정절을 잃었다고 생각한 오셀로는 비난하고 폭력
을 쓰는 공격적인 감정으로 대응한다.

데스데모나는 어머니의 몸종 바브라와 그녀의 비극적
인 운명을 이야기한다. "그 애가 연애를 했어. 그런데
사랑하는 남자가 실성해서 / 그 애를 버린 거야. 그 애는 늘
버들 노래를 불렀지. / 오래된 노래였지만 그 애의 운명을 읊
은 것 같았어. / 그 애는 그 노래를 부르며 죽었지." 바브라의
처지가 자신과 비슷하다. 어머니의 몸종은 어머니의 보살핌과
보호를 받는다는 점에서 모녀 같은 관계다. 데스데모나가 어
머니 이야기를 꺼낸 것은 이때가 유일한데, 아득한 옛날처럼
말하는 것으로 미루어 세상을 떠난 듯하다. 데스데모나의 어
머니는 오셀로와 연애하고 결혼하는 과정에 등장하지 않는다.
데스데모나는 독자적인 언행을 보이면서 모든 결정에 대해 스
스로 책임을 지고 있다.

데스데모나와 바브라는 홀로 슬픔에 젖는 것뿐만 아니
라 이방인과 관계가 있다는 점에서도 유사하다. '바브라'라는
이름은 '이방인'을 뜻한다. 데스데모나는 흔히 야만인, 또는
미개한 외국인으로 불리는 이방인과 결혼했다. 이야고는 '잘
못을 저지르는 미개인과 지극히 명민한 베니스인'이 결혼한
것으로 본다. 많은 베니스인들도 그렇게 생각한다는 사실을

데스데모나도 잘 알고 있다.

문학적 장치 데스데모나는 '버들 노래'를 부름으로써 오셀로가 실성해 자신을 버리면 비탄에 젖어 죽을 수도 있다는 것을 간접적으로 표현한다. '버들 노래'는 셰익스피어가 작품 속에 활용하기 이전부터 여러 가지 형태로 불리던 오래된 노래다. 이 노래에서 부정을 저질러 가련한 여자에게 한숨과 눈물을 안겨준 쪽은 남자인데, 그 분위기는 데스데모나의 처지와 기분을 고스란히 반영하고 있다. 가사에 등장하는 '애처로운 그녀'처럼 남편을 열렬히 사랑하는 데스데모나 역시 오셀로의 멸시를 그대로 받아들인다. 버드나무는 셰익스피어의 작품에서 잃어버린 사랑과 연결된다. 〈오셀로〉보다 3년 앞서 무대에 올려진 〈햄릿〉에서 오필리아는 버드나무와 꽃나무로 둘러싸인 연못에 빠져 죽는다. 오필리아의 애인 햄릿이 광인처럼 행동하며 그녀를 버리자 실성해 물에 빠진 채 노래를 부르면서 숨졌다. 오필리아와 바브라가 죽음을 맞는 정황은 너무나 흡사하다.

에밀리아는 계속 데스데모나를 위로하고 힘을 북돋아주려 애쓴다. 그러나 문제의 손수건이 남편 이야고의 수중에 있다는 사실은 밝히지 않는다. 아마도 손수건 때문에 더 이상 다른 말이 나오는 것을 바라지 않거나 남편이 받을 비난을 미리 막아야겠다고 생각했을 수 있다. 에밀리아는 오셀로가 보여달라는 손수건을 데스데모나가 내놓지 못하는 것을 뻔히 보면서도 뒤에 말없이 서 있었다. 따라서 그녀는 이 손수건 자체도 오셀로가 아내를 비난하는 요인 중 하나라는 점을 알고 있다. 이미 때를 놓친 듯하지만 그 사실을 감추고 있는 것은 정직하지 못한 일이다.

에밀리아와 데스데모나는 결혼과 정절 문제에 대해 뚜렷한 대조를 보인다. 데스데모나는 사랑을 좇아 결혼하는 낭만적인 여성으로 정절을 절대시한다. 그러나 에밀리아는 실질을 앞세워 그때 그때 상황에 따라 최선의 행동방향을 선택하는 여인이다. 따라서 아내의 부정이 심각한 문제이기는 해도 상당한 이득을 기대할 수 있을 때만은 용인될 수 있다고 생각한다. "남편을 왕으로 만들 수 있다면야 서방질하지 않을 아내가 어디 있겠어요?" 남편이 나쁜 행실을 보이거나 아내를 냉대하는 것도 아내가 바람을 피워도 될 만한 이유가 된다. "그렇지만 아내가 나쁜 짓을 하는 건 / 남편 탓이라고 생각해요."

4막 끝부분에서 에밀리아가 남자의 잘못을 지적한 내용은 2막에서 여자의 잘못을 강조한 이야고의 이야기와 대비된다. 데스데모나는 두 사람의 이야기를 모두 들었지만 자신의 부부관계와는 무관한 것으로 치부한다.

행동에 나선 이야고

밤거리. 이야고가 로더리고에게 숨어 있다가 카시오를 공격하라고 지시한다. 카시오가 다가오자 로더리고가 공격하지만 실패하고 오히려 카시오에게 상처를 입는다. 뒤에 숨어 있던 이야고가 칼로 카시오의 다리를 찌르고 도주한다. 카시오가 사람 살리라고 소리친다. 카시오의 비명 소리를 들은 오셀로는 이야고가 맡은 일을 잘 해치웠다고 생각하고, 아내의 매력에 홀리지 않도록 마음을 단단히 먹기로 다짐한다. 이제는 자신을 배신한 그 잠자리를 데스데모나의 피로 물들이기만 하면 되는 것이다.

　　5막 1장은 이날 밤이 중요하다고 강조하는 이야고의 이야기로 시작된다. 그는 행동을 개시하기 앞서 로더리고에게 한마디 한다. "우리를 크게 만드느냐, 아니면 망치느냐 하는 일이란 걸 명심해요. / 각오를 단단히 하시오." 그리고는 "겁낼 것 없소. 카시오를 죽이면 데스데모나는 당신 차지야"라고 덧붙이고는 중얼거린다. "대담해야 돼. 로더리고와 카시오. 그리고 데스데모나가 죽으면 오셀로에게 복수를 하는 거야."

　　로더리고는 한 가닥 도덕심이 꿈틀대면서 여전히 망설이고 있다. "곁에 있어주게. 내가 실패할지도 모르니까." 이 겁쟁이는 누군가가 자신을 보호할 것이란 믿음 때문에 그나마 안심을 한다.

　　이야고는 로더리고가 죽는다는 것에 대해서는 별다른 감회가 없지만 카시오가 죽는다고 생각하니 얼마간 기분이 좋아진다. 오셀로를 위시해 모든 사람들이 카시오를 높이 평가하다 보니, 전부터 그에게 시샘이 났기 때문이다. 그는 행운을 누리는 카시오의 생활이 부당하다는 생각이 들어 1막에서 말한 것처럼 계속 괴로웠는데 지금도 여전히 좌절감을 느끼고 있다. "카시오가 살아남으면 매일 매일의 생활이 멋질 것이고 그리 되면 내 꼴은 말이 아니게 된다." 더구나 카시오가 오셀로에게 사실을 밝히지 못하도록 해야 하니, 그의 죽음이 이야고에게는 달가울 수밖에 없다.

인물탐색 칼싸움은 위험하기 때문에 명예로운 대결을 위해서는 일정한 규칙을 따르게 된다. 그러나 숨어 있다가 공격하는 행위 속에는 명예 같은 것이 있을 리 없다. 어둠 속에서 로더리고가 카시오를 공격하지만 반격당한다. 그러자 이야고가 뒤에서 달려들어 카시오의 다리를 찌르고 달아난다. 함께 싸우기로 해놓고 뒤로 물러서 있다가 동지를 찌르는 행위야말로 군인으로서 가장 비열한 행동이다. 이처럼 값진 가치를 예사롭게 내던짐으로써 이야고의 오명은 더욱 높아만 간다.

죽어가는 사람들의 비명소리를 듣고 오셀로는 데스데모나를 죽여야겠다는 결심을 다진다. 그는 자신이 해야 할 일이 무엇인지를 잊지 않고 있다는 것이 또다시 한탄스럽게 느껴지지만 강철 같은 의지로 데스데모나에 대한 사랑을 억누른다. "마력적인 네 눈도 내 가슴에서 지워졌고, 더러운 욕정의 때가 묻은 네 침대를 네 음탕한 피로 물들여줄 테다." 그는 그녀를 죽이기 전에 두 눈을 감겨 자신을 쳐다보지 못하게 해야 할 것이다. 그는 다시 한 번 사랑의 감정을 억누르면서 그녀의 침대에서 데스데모나를 죽이는 모습을 떠올린다. 그러나 이런 심상이 붉은색과 흰색의 딸기 문양이 수놓인 손수건과 비슷하게 변하기 시작하면서 그를 다시 광기로 몰아간다. 심상 속에 비친 침대는 데스데모나와 카시오의 불륜에서 나온 '욕정의 때'가 묻어 있고, 또 오셀로가 데스데모나를 죽이면 '음탕한 피'가 번질 것이다. 그 순간 오셀로는 이야고가 카시오를 죽인 것처럼 자신도 칼로 아내를 해치우는 모습을 떠올린다. 그러면 하얀 시트에 데스데모나의 선혈이 떨어지겠지만 이번에는 그 피가 첫사랑의 열정과 갈망에서 나오는 것이 아니라 자포자기적인 살인의 열정과 욕구에서 솟아나는 것이다.

이야고가 악행에 더 깊숙이 발을 들여놓으면 놓을수록 에밀리아의 입장은 그만큼 더 모호해진다. 남편에 관한 한 그녀는 무조건 이야고 편이지만, 전개되는 상황과 점차 많은 사실을 눈치 채게 된다는 점에 비춰보면 그녀의 마음이 어디로 흘러갈지 몰라 관객의 긴장감은 계속 고조된다. 아마도 에밀리아는 조만간에 알고 있는 사실을 털어놓을 것이다. 그녀는 아내가 있는 사내들의 온갖 행태를 거칠게 비난하면서도 정작 남편과 연관되면 상스럽게 욕을 퍼붓는다. 그녀가 "갈보 같은 년!"이라고 비앙카에게 욕을 하자 비앙카는 "나는 갈보가 아니에요. 터무니없는 소리 말아요. 나도 그런 말을 하는 당신처럼 떳떳한 여자니까"라고 응수한다. 에밀리아가 남편을 편드는 것처럼 비앙카의 모든 행동도 자신의 애인을 위한 것이다.

이야고는 이 순간 어느 정도 만족감을 느낀다. 로더리고를 죽였으니 이제 안심하고 그의 돈과 보석을 차지할 수 있게 된 것이다. 더구나 이런 사실을 아는 사람은 아무도 없다. 카시오는 중상을 입은 데다, 강도들에게 당한 것으로 생각한다. 이야고의 계획대로 풀린 완벽한 결과는 아니지만 카시오가 부

상으로 죽거나 불구만 되더라도 군인으로서의 장래는 끝장나
는 셈이 아닌가. 그러나 이야고가 안전하다거나 완전한 승리
를 거두었다는 생각이 들려면 아직도 할 일이 많다. "오늘밤
은 내가 성공하느냐, 완전히 파멸하느냐, 둘 중의 하나다."

5막 2장

비극의 끝

데스데모나가 침대에서 잠들어 있다. 오셀로가 침착한 표정으로 들어선다. 잠이 깬 데스데모나가 남편을 침대로 부르자 아내에게 기도하라고 말한다. 용서를 빌 것이 있으면 지금 참회하라는 것이다. 그리고 그녀의 영혼까지 죽이고 싶지 않으니, 기도하는 동안은 기다리겠다고 한다. 그때서야 데스데모나는 오셀로가 자신을 죽이려 한다는 것을 눈치 채고, 잘못을 저지르지 않았는 데도 두려움을 느낀다. 그녀는 자신의 정절을 믿게 할 도리가 없다는 것을 알고는 죽이지 말고 내쫓거나 조금만 더 살게 해달라고 울면서 애원하지만 그는 베개 같은 것으로 아내를 짓누른다.

그때 에밀리아가 문을 두드린다. 오셀로는 침대 커튼을 내려 안이 보이지 않도록 한 뒤에 문을 연다. 에밀리아는 카시오가 로더리고를 죽였다는 전혀 뜻밖의 소식을 전한다. 이때 침대 쪽에서 '잘못 죽임을 당했어'라는 데스데모나의 목소리가 들리자 에밀리아가 사람 살리라고 외친다. 데스데모나는 결백하다며 누구에게 죽음을 당하는 것이 아니라고 말하고 숨을 거둔다.

에밀리아와 오셀로가 서로를 노려본다. 에밀리아는 증인으로서 자신이 목격한 것을 밝힐 작정이다. 오셀로가 그녀가 부정(不貞)해서 죽였다고 털어놓는다. 에밀리아가 데스데모나의 결백을 주장하지만 오셀로는 카시오가 아내와 동침했고, 그 사실을 이야고가 모두 알고 있다고 대꾸한다. 이제 에밀리아가 열쇠를 쥐고 있는 셈이다. 그녀가 '내 남편'이라

는 말을 되풀이하는 동안 오셀로는 정의에 대한 심정을 털어놓으며 아내를 매우 사랑했고 이야고는 대단히 정직한 사람이라는 말을 한다. 에밀리아는 이야고를 욕하며 거짓말쟁이라고 하고는 살인이 일어났다고 소리쳐 모든 사람들에게 알린다.

몬타노와 그라시아노, 이야고, 그 밖의 사람들이 에밀리아가 소리치는 침실로 달려온다. 그녀는 변명하는 이야고를 몰아세우면서 잘못을 인정하고 비뚤어진 마음을 바로잡을 마지막 기회를 준다. 그러나 이야고는 데스데모나가 실제로 카시오와 불륜을 저질렀다고 주장한다. 그 말이 거짓이라는 것을 잘 알고 있는 에밀리아가 손수건을 줍게 된 상황과 남편이 그 손수건을 훔쳐다달라고 부탁했다는 사실을 밝히자 이야고가 아내를 칼로 찌르고 달아난다. 에밀리아는 숨을 거두며 오셀로에게 데스데모나가 진심으로 남편을 사랑했다고 전한다. 그제서야 오셀로는 자신이 교묘하게 조종되고 기만당했음을 뒤늦게 깨닫는다.

이야고가 붙잡혀 끌려온다. 오셀로와 카시오가 왜 그런 짓을 했느냐고 캐묻자 이야고는 답변하지 않겠다며 입을 다물어버린다. 그동안의 모든 정황을 확실히 깨닫게 된 오셀로는 자신의 장단점과 함께 '분별력은 부족했어도 진정으로 아내를 사랑했던 남자'로 기억해 달라고 부탁하고 칼로 자해한 뒤 침대 위에 쓰러져 숨을 거둔다.

로도비코가 사태를 수습하면서 오셀로의 저택과 재산을 가장 가까운 인척인 그라시아노에게 넘긴다. 사령관이 된 카시오가 이야고의 재판권을 갖고, 로도비코는 슬픈 소식을 안고 베니스로 떠난다.

오셀로가 촛불을 들고 침실로 들어올 때 데스데모나는 침대에서 잠들어 있다. 그는 더 이상 복수심에 불타는 격분한 남편의 모습이 아니다. 그의 독백은 조용히 이어지고, 아내의 부정으로 질투심에 휩싸인 남편이 아니라 천벌의 대행자처럼 보인다. 그는 데스데모나의 부정을 뜻하는, '원인… 원인'이란 말을 되풀이하면서 '순결한 별들' 앞에서 아내의 범죄를 큰소리로 입 밖에 내는 것조차 망설인다. 마침내 오셀로는 터무니없이 잘못된 결심을 결행하기로 모질게 마음을 먹음으로써 비극적인 영웅의 모습을 갖춘다. 이 독백에서는 갈보나 매춘부 소리도, 짝짓기 하는 염소나 원숭이 이야기도, 질투심에 사로잡혀 있을 때 그를 끊임없이 괴롭히던 그 밖의 여러 가지 이미지에 대해서도 아무런 언급이 없다. 그리고 참혹하게 짓이겨진 자존심에 대한 복수에도 더 이상 마음을 쓰지 않는다. 그러나 크게 잘못된 독백 내용이 옳다는 점은 조금도 의심하지 않는다.

그는 할 일은 하되 인정을 보여야 한다고 생각하고, 데스데모나가 피를 흘리지 않게 하고, 아름다운 몸에 상처를 남기지 않고, 영혼도 죽이지 않을 작정이다. 데스데모나는 죽어야 한다. '그렇지 않으면 더 많은 남자들을 속일 것'이기 때문이다. "그 불을 끄고, 그 불도 꺼야지"라는 그의 말은 통렬한 반어법이다. 데스데모나는 한때 그에게는 생명의 '등불'이었다. 엘리자베스 시대의 연극에서는 흔히 등불이 이성, 특히 정당한 이성과 동일시된다. 오셀로는 정당하게 행동한다고 생각하지만 실제로는 논리적 판단력이나 이성이 제대로 발휘되지 못해 아무런 근거나 이유도 없이 아내를 응징했다. 그는 (키스로 입증되지만) 그녀에 대한 사랑과 천벌을 내려야 한다는 결의 사이에서 갈등한다. 데스데모나는 '뛰어난 품성의 전형'이면서도 '교활하다'. 그는 그녀를 한 번 꺾이면 다시는 꽃을 피우지 못한 채 시들어야 하는 장미에 비유한다. 잠시 동안 느낀 깊은 사랑은 자칫 '정의'(오셀로)의 '칼을 부러뜨릴 뻔'한다. 눈물을 흘리면서도 제정신을 찾은 그는 타락을 감추고 있는 데스데모나의 아름다움이 기만적이라고 생각한다.

오셀로가 말하는 소리에 잠이 깬 데스데모나는 남편을

설득하기 위해 안간힘을 쓴다. 데스데모나는 죄가 있으면 기도로 용서를 빌라는 오셀로의 말을 들으면서 점차 공포에 휩싸인다. 오셀로는 그 표정이 불륜을 입증하는 또 다른 증거라고 그릇 판단한다. 그가 이런 오판에 확신을 갖는 것과 마찬가지로 데스데모나도 남편이 정말로 자신을 죽이려 한다고 확신한다. 그녀는 결백하기 때문에 겁낼 이유가 없다는 것을 잘 알면서도 두려움을 떨칠 수 없다.

오셀로는 데스데모나가 카시오에게 손수건을 주지 않았다고 강하게 주장하지만 미동도 하지 않는다. 그녀가 울면서 처음에는 하늘에, 그 다음에는 하느님에게 자비와 구원을 호소하자, 오셀로는 엄숙한 표정으로 함께 '아멘' 하면서 그녀를 '향기로운 사람'이라고 말한다. 그는 여전히 데스데모나를 '맹세를 저버린' 거짓말쟁이로 그에게 '살인을 / 저지르도록' 몰고 가는 여인으로만 볼 뿐이다. 이 순간 개인적 복수를 다짐하게 만든 동기가 가슴속에서 되살아나며 신중한 판단을 밀어낸다. 그는 자제력을 잃지 않겠다고 다짐했지만 데스데모나가 카시오를 불러달라고 말하자 그만 허물어지고, 카시오가 데스데모나와 간통을 벌였다며 웃어대는 소리를 분명히 들었다고 확신한다. 데스데모나도 이야고가 카시오를 죽였다는 말을 듣고 자제력을 잃는다. 그녀는 자신을 죽이지 말고 내쫓으라고 부탁했다가 최소한 하루만 늦춰달라고 애원하고, 다시 한나절만 살려달라고 호소하지만 오셀로의 손아귀에서 꼼짝달싹하지 못한다. 데스데모나가 마지막 기도를 드릴 동안만 참아달라고 애원하는 가운데, 오셀로는 그녀가 숨을 쉬지 못하게 짓누른다.

이때 문 밖에서 에밀리아가 큰소리로 오셀로를 찾는다. 그는 곧바로 문을 열어주지 않는다. 그의 말에 비춰보면 그는 잔인하긴 해도 고통을 주지 않는다고 생각하며 죽음을 확인하고자 한다는 점을 알 수 있다. 그는 자신이 저지른 끔찍한 일에 압도되어 이제 '엄청난 일식과 월식'이 나타날 것이라고 말한다. 자연 질서가 완전히 뒤집히고 데스데모나가 숨을 거둔 사실을 인정하는 하늘의 증거인 셈이다.

다시 오셀로를 큰소리로 부른 에밀리아는 방 안으로 들어서자마자 '비열한 살인행위들'이 자행되었다고 외친다. 오셀로는 그녀 말이 맞을지도 모른다고 겁을 내며 달이 '사람들을 미치게 한다'고 말한다. 이때 그는 카시오가 살아 있다는 사실을 알게 되고, 데스데모나의 힘없는 목소리도 듣는다. 그녀는 다시 한 번 결백을 주장하고 모든 것을 자기 탓으로 돌리는데, 실은 오셀로를 보호하기 위해 일부러 거짓말을 함으로써 자신의 영혼까지 위태롭게 만드는 것이다.

처음 오셀로는 아내의 죽음과 아무런 관계가 없다고 부인하지만 이내 그녀를 '지옥의 불구덩이로 굴러 떨어진 거짓말쟁이'라고 큰소리로 욕하면서 죽인 사실을 시인한다. "저 여자는 바보짓을 했다. 매춘부였어." "물처럼 출렁거리는 여

자였지.… 카시오가 그녀를 올라탔어." 그가 내세우는 증거는 '정직하고 또 정직한 이야고'다. 그러자 에밀리아는 서슴없이 이야고를 거짓말쟁이, 오셀로를 기만당한 '멍청이'라고 몰아세우고, 오셀로가 칼을 뽑아 위협하는 데도 꿈쩍하지 않고 이 살인의 부당성을 바로잡으려고 한다. 그녀는 "내가 스무 차례나 목숨을 잃는 한이 있더라도 당신의 살인을 널리 알리겠다"고 다짐하고는 오셀로가 데스데모나를 죽였다고 외치면서 도움을 청한다.

몬타노와 그라시아노를 비롯해 여러 사람이 달려오자 에밀리아는 남편에게, 오셀로의 말이 거짓이 아니냐고 다그친다. 이야고는 데스데모나의 불륜을 알린 사람은 자기지만 오셀로 역시 그것을 사실로 받아들였다고 말한다. 에밀리아는 입 다물고 집으로 가라는 남편의 말을 듣지 않는다. 그녀는 사람들에게 자기 말을 들어보라고 간청한 뒤 이야고에게 욕을 퍼붓고는 다시는 집에 돌아가지 않을지도 모르겠다고 예언하듯 말한다. 이런 이야기를 들은 오셀로가 괴로워하며 아내의 침대 위에 푹 쓰러지자 에밀리아가 오히려 그의 고통스런 몸짓을 조롱한다. 그때 그라시아노가 나서서 데스데모나의 아버지가 돌아가셔서 이런 비극적인 소식을 듣지 않게 된 것이 그나마 다행이라고 말한다. 데스데모나의 아버지는 딸이 무어인인 오셀로와 결혼한 것이 몹시 속이 상한 나머지 이미 세상을 떠났다.

오셀로는 "이야고가 알고 있다"고 주장하면서 다른 증거로 손수건 이야기를 꺼내자 에밀리아가 다시 소리치면서 하느님을 찾는다. 이제 그녀의 입을 막을 사람은 아무도 없다. 그녀는 이야고가 뽑아든 칼도 아랑곳하지 않고 그 손수건을 주운 경위와 왜 이야고에게 건넸는지를 털어놓는다. 그리고 이야고가 '악랄한 매춘부', '거짓말쟁이'라고 욕을 하는데도 입을 다물지 않는다.

이런 과정을 통해 모든 진상을 알게 된 오셀로가 이야고에게 달려들자 몬타노가 오셀로의 칼을 빼앗는다. 그 소란 속에 이야고가 에밀리아를 살해하고 도망친다. 모두가 달려나가고 죽어가는 에밀리아와 자책감에 빠진 오셀로만 남는다. 곧 죽을 것을 아는 에밀리아는 데스데모나가 죽음을 예감하고 불렀던 '버들 노래' 이야기를 꺼내며 몇 소절을 부른다. 숨이 끊어지기 직전, 그녀는 데스데모나의 결백을 다시 한 번 강조한 뒤 마지막 말을 남긴다. "잔인한 무어인이시여, 그녀는 당신을 사랑했어요."

오셀로는 전리품으로 간직하고 있던 무기 중 하나인 스페인 장검을 발견하고 지난날 이 칼을 들고 용감하게 싸웠던 때를 되새긴다. 그러나 이제 그는 '여정의 종착점'에 이르렀다. 그는 자신을 길 잃은 영혼으로 생각한다. "오셀로는 어디로 가야 할까?" 그는 가장 끔찍한 벌을 받아 마땅한 '저주받은 노예'다.

로도비코와 몬타노, (이제 죄인으로 붙잡혀 끌려온) 이야고, 그리고 몇몇 장교들이 등장한다. 카시오도 들것에 실린 채 등장한다. 모든 진상이 명백하게 가려질 순간이 다가온 것이다. 오셀로가 칼로 이야고를 찔러 상처를 입히자 사람들이 달려들어 칼을 빼앗는다. 그는 이야고에게는 죽음도 오히려 과분하다고 말한다. "죽음이 곧 행복이니까." 오셀로는 끔찍한 원수 이야고에게 죽음이란 위안을 안겨줄 생각이 없다. 그때 카시오가 오셀로에게 자기는 그처럼 불신당할 짓을 하지 않았다고 조용히 말하자 오셀로는 그렇다며 용서를 구한다. 오셀로는 육신과 영혼이 모두 '이 악마 같은' 이야고의 덫에 걸렸었다는 것을 새삼 깨닫는다. 이야고는 악행을 자백하지 않으려고 한다. 그때 로도비코가 살해당한 로더리고의 주머니에서 발견한 편지 두 통을 내놓는다. 한 통에는 카시오의 살해 계획이 적혀 있고, 다른 한 통에는 로더리고가 이야고를 욕하고 위협하는 내용이 담겨 있다. 손수건이 카시오의 손에 들어가게 된 과정이 자세히 밝혀지자 오셀로는 "바보! 바보! 바보!"라고 자책하며 통곡한다.

로도비코는 이야고를 처벌하겠다고 다짐하고 오셀로에게 베니스로 함께 돌아가야 한다고 말한다. 오셀로는 그 결정을 받아들이지만 끌려가기 전에 마지막 말을 하는데, 이야고의 꾐에 넘어가기 전에 지녔던 고상함과 감동적인 말씨를 되찾았음이 분명하다.

 오셀로는 베니스에 헌신한 과거 공적을 상기시키면서
자신에 관한 이야기를 정확히 알려달라고 부탁한다. 모
든 사람들이 자신을 야만적인 이방인이 아닌, '분별력은 부족
했어도 진정으로 아내를 사랑했던' 남자로, 그리고 속임수에
넘어가 '극도로 당황한 나머지, 자신의 종족과도 바꿀 수 없는
값진 진주를 내팽개친' 남자로 알도록 해달라는 것이다. 여기
에서 눈여겨봐야 할 점은 직접적인 비유법이다. 오셀로는 자
신을 이 세상에서 가장 값진 진주를 내팽개친 '천박한 유대인'
과 '터번을 두른 악의에 찬 투르크인'에 넌지시 비유하며 가차
없이 꾸짖는다. 말을 마친 그는 그동안에 일어난 모든 일을 속
죄하기 위해 칼로 자신을 찌른다. 스스로 응징하는 방법을 택
한 것이다. 그는 죽어가면서 데스데모나를 죽이기 전에 그녀
에게 키스를 했다고 밝힌다. 짙은 먹구름에 휩싸인 가슴속에
서도 사랑의 감정이 잠시 꿈틀거렸음을 보여주는 듯하다. 그
는 완전히 타락하지는 않았다고 다짐하듯 말하지만 영혼이 길
을 잃었음을 깨달으며 죽어간다.

이 비극은 로도비코의 서글픈 말로 막을 내린다. 데스
데모나의 침대에 쓰러져 있는 오셀로의 모습은 '차마 눈뜨고
는 못 볼 광경'이다. 그는 그 모습을 커튼으로 가리라고 말하고,
그라시아노에게는 오셀로의 재산을 관리하게 하고, 이야고는
처벌하도록 지시한다. 그는 이제 베니스로 돌아가 '무거운 마
음'으로 '이 참사'를 보고해야 한다.

인물분석
노트

⭘ 오셀로

　　오셀로는 탁월함뿐만 아니라 약점도 많은 인물로서 자칭 '훌륭한 살인자'다. 아프리카 출신의 이방인이지만 뛰어난 전공으로 베니스 방위군 사령관의 지위에 올랐으며, 용기와 지식, 지휘능력을 두루 갖춰 병사들의 존경을 받았다. 그는 어려운 상황에서도 당황하지 않고 사람의 마음을 움직이는 말을 할 줄 안다. 식민지인 사이프러스가 적의 위협을 받자 베니스 대공과 원로원은 '용감한' 오셀로를 보내 방위군을 지휘하게 한다.

　　오셀로는 오랜 세월 동안 전쟁터를 누빈 뒤 베니스에 와서 세련된 도시 사람들과 함께 살게 되었다. 어느 날 원로원 의원 브라반쇼의 집에 초대받은 그는 그곳에서 전혀 새로운 세상을 만난다. 안락한 생활과 지적인 대화, 여유로운 문화생활이 눈부실 지경이다. 그는 군사지식이 있는 학생 카시오를 부관으로 임명한다. 갑자기 그는 전에 꿈조차 꿔보지 못했던 일이 현실이 될 수도 있다는 생각을 하게 된다.

　　이방인 오셀로는 군사문제에 대해서는 훤하고 꿀릴 게 없지만 사교 면에서는 자신감이 없다. 그는 승리와 공포감 사이를 오락가락하는 격렬한 생활을 해왔다. 비록 태생과 지금까지 살아온 이력은 주변 사람과 달라도 종교와 가치관, 베니스에 대한 애국심은 남들에게 뒤지지 않는다. 그러나 피부색이 달라 외양상의 차이가 뚜렷하기 때문에 항상 다른 사람과 구별된다. 사람들은 그의 검은 얼굴을 쳐다볼 때마다, 출중한 장군이기는 해도 '역시 우리와 같은 족속은 아니야'라고 생각한다. 오셀로는 그 점을 잘 알고 있다. 오셀로는 수많은 백인 속에 끼어 있는 흑인으로서, 다른 인물들이 저마다의 이름과 개별적인 주체로서 인식되는 것과는 달리 아프리카의 대표 종족인 '무어인'으로 불린다. 다른 인물들이 그를 '흑인'으로 지칭할 때는 그의 피부색뿐만 아니라 엘리자베스 시대의 도덕률에 배어 있는 색깔의 상징적 의미도 아울러 의식하는 것이다. 즉, 백색은 명예로움과 죄가 없음을, 흑색은 사악함과 죄가 있음을 나타낸다.

데스데모나는 오셀로가 들려준 인생 역정을 통해 그를 이해하게 된다. 어린 시절에 고향과 가족으로부터 떨어진 뒤 온갖 위험과 모험을 겪은 삶은 수많은 사람들과 그다지 다를 바 없다. 그들 중에는 목숨을 건진 운 좋은 병사가 있는가 하면, 슬퍼하는 이도 없고 아무런 보상도 받지 못한 채 젊은 나이에 도랑에 처박혀 죽은 무명 병사도 있을 것이다. 오셀로의 성공이 두드러지는 이유는 그처럼 앞날을 내다볼 수 없는 상황에서 살아남았다는 것 때문이 아니라 매우 특출하게 모험과 위험을 이겨내고 베니스 방위군의 가장 유력한 지휘관 반열에 올라섰기 때문이다.

그는 전쟁터라면 탁월한 능력을 발휘해서 간단히 승리

를 거두겠지만 응접실에서는 어색해서 어찌할 바를 모른다. 데스데모나가 먼저 말을 걸고 인생 역정을 들려달라고 부탁하자 그제서야 입을 열 정도다. 사실, 두 사람의 비밀 결혼이 인정받게 된 것은 오셀로의 공도 있지만 빈틈없는 논리로 그들의 결합을 옹호한 데스데모나의 화술 덕도 있다.

오셀로는 데스데모나와의 결혼으로 인생이 절정기를 맞았다고 생각한다. "죽는다면 지금 죽는 것이 제일 행복할지 몰라. 뭐라고 말할 수 없는 이런 만족감은 미지의 장래에도 두 번 다시 느끼지 못할 것만 같소." 그는 전쟁과 사랑에서 모두 승리를 거둬 더할 수 없는 희열과 만족을 느끼고 있다.

오셀로도 성공과 행복이 언제 사라질지 모른다는 점을 알고 있다. "그러나 나는 그대를 진정으로 사랑한다네. 내가 그대를 사랑하지 않게 되면 / 또다시 혼돈이 찾아오리니." 그는 혼돈이 무엇인지를 잘 알고, 또 사랑의 힘으로 그런 혼돈에서 벗어났다고 믿고 있다. 오셀로의 정신세계에서는 사랑이 곧 질서이자 평안이며 행복이다. 따라서 그런 사랑이 사라지면 혼돈 속으로 빠져들 것이다. 낯선 타향 생활, 노예 생활, 위험, 절망 속에서 성장했고 직업군인으로서 전쟁터의 온갖 혼돈에 휩싸여 살고 있지만 사랑을 얻음으로써 이제는 더 이상 내면의 혼돈 속에 살지 않아도 된다. 예로부터 혼돈은 끔찍한 고통뿐인 지옥을 나타낸다. 이런 맥락에서 데스데모나는 사랑의 힘으로 오셀로를 지옥에서 구출한 천사다.

오셀로는 사랑과 결혼 생활을 잘 이끌어야겠지만 세상 물정이 어두워 자신감을 갖지 못한다. 이런 허점을 간파한 이야고가 오셀로의 질투심에 불을 붙여 데스데모나가 다른 사람을 사랑한다고 생각하게 만든다. 이미 오셀로는 데스데모나가 자신을 사랑한다는 사실이 너무 좋아 믿기지 않을 정도였기 때문에 이야고의 말에 쉽게 넘어간다. 그리고 베니스에 사는 데스데모나 위치의 대다수 여성들이 선망하는 결혼 상대가 바로 카시오라고 보기 때문에 데스데모나가 자신을 사랑하지 않을 때 눈을 돌릴 대상 또한 카시오라고 생각한다. 어떤 면에서 카시오는 데스데모나가 오셀로와의 결혼이 잘못이라고 판단하기를 기다리는 듯하다는 느낌이 들기도 한다.

오셀로의 이런 불안감은 언제라도 밖으로 드러날 수 있는 상황이다. 이야고가 몇 마디 암시를 하거나 빈정거리기만 해도 자신만만한 표정이 여지없이 허물어지면서 걱정과 욕망, 폭력적인 모습이 나타나는 것이다. 그는 불확실한 상황을 참지 못하고 제정신을 잃고 만다. 그러나 일단 결심하면 군인의 모습으로 되돌아가 과단성 있게 실행에 옮긴다. 따라서 이야고는 오셀로가 배신당했다고 믿도록 만들기만 하면 된다. 데스데모나의 언행을 판단하고 비난한 뒤 처치하는 일은 오셀로가 알아서 해낼 것이기 때문이다.

오셀로가 맞게 되는 운명은 고대 그리스 비극처럼 참담하다. 그리스 비극의 주인공들처럼 오셀로도 가장 인간다운 모습으로서만 이런 운명과 맞설 수 있다. 오셀로는 이 세상에 남긴 마지막 말을 통해 훌륭하고 뛰어났던 지난날의 모습을 다시 한 번 흘낏 보여준다. 전쟁터에서 이룩한 영예와 베니스에 대한 충성심, 강렬한 사랑, 그리고 데스데모나를 살해함으로써 자신의 가장 소중한 것을 없애버렸다는 끔찍한 인식 등등. 그 누구도 자신의 삶을 완벽하게 통제할 수 없지만 자기를 재판하고 그 형을 집행해서 연인과 함께 죽을 수는 있지 않을까.

○ 이야고

셰익스피어는 이야고의 인물 됨됨이를 풀리지 않는 수수께끼덩어리로 보여준다. 이야고가 내뱉는 한마디 한마디는 모두 근심거리가 된다. 정직하고 솔직하다는 평판을 얻고 있지만 남을 이용하고 조종하기 위해 교묘한 거짓말을 서슴지 않는다. 다른 사람들을 바보 취급하고 따뜻한 마음을 가지는 법이 없지만 한때 아내는 사랑했던 것으로 보인다. 그는 상대가 못마땅하면 경멸하고 피하는 것이 아니라 보복에 온 힘을 바친다. 이득이 된다면 속이고 거짓말하는 것도 마다해선 안 된다고 믿지만 셰익스피어는 이런 인물에게 더할 수 없이 멋진 대사 몇 마디를 배정했다.

그는 정직하고 믿음직하며 솔직하다는 평판을 받고 있다. 극중에서 오셀로와 다른 사람들은 계속 그를 '정직한 이야고'라고 지칭한다. 그는 무훈을 쌓아 진급을 거듭했고, 그 재능을 높이 산 오셀로가 기수(대위)로 임명했다. 그러나 셰익스피어는 이야고가 이런 세평과는 정반대되는 인물임을 보여준다.

셰익스피어는 당시 연극에서 찾아볼 수 있던 한 가지 유형을 바탕으로 이야고란 인물을 만들어냈다. 종교적 도덕률을 다룬 연극의 사탄이 그것인데, 엘리자베스 시대의 연극과 비극에서 악당의 모습으로 등장했다. "나는 내가 아니다"라는 이야고의 말은 "난 겉보기와 다르다"는 뜻으로 풀이되고, 셰익스피어가 분명 알고 있었을 성경의 한 구절을 연상시키기도 한다. 출애굽기를 보면 하느님이 시내 산에서 모세에게 십계명을 내리자 모세가 이름을 밝혀달라고 청하고, "나는 스스로 있는 자이니라(I am that I am.)"(3:14)라는 대답이 돌아온다. "나는 스스로 있는 자이니라", 즉 "나는 곧 나다"라는 말이 하느님을 뜻한다면, 이야고가 한 말인 "나는 내가 아니다"는 정반대의 의미를 지니는 셈이다. 이야고는 하느님과 정반대의 인물, 바로 악마인 것이다. 이 작품에서 이야고는 중세와 르네상스 시대의 교훈극에 등장하는 악마의 성격을 그대로 지니고 있다. 거짓말쟁이인 데다 지킬 생각이 없는 약속을 남발하고, 사람들을 함정에 빠뜨리고 파멸시키기 위해 거짓말을 하며, 사람들의 가장 큰 약점을 찾아내서 이용하고 목숨을 빼앗는다. 타당한 이유가 있어서가 아니라 못된 짓을 좋아하기 때문이다.

이야고의 주변에서 벌어지는 일은 모두 얄궂고 뜻밖이

다. 사람들은 그의 겉모습에 속아 계속 믿고 의지하지만 그는 배신을 거듭하고, 그들이 부지불식간에 자신을 돕게 만드는 것을 즐긴다. 그는 사람을 틀어쥐고 좌지우지해야 한다는 강박관념에 사로잡힌 인물로, 오셀로를 몰락시키기 위해 로더리고, 에밀리아, 데스데모나를 죽음으로 몰아넣고 결국 자신도 파멸한다. 그의 살해 표적이 되었다가 살아남은 인물은 카시오가 유일하다.

윌리엄 헤이즐릿은 이야고란 인물을 이렇게 규정했다. "이야고는 선과 악의 도덕률에 완전히 눈을 감아버렸거나 아니면 오히려 후자 쪽으로 확연히 기울어진… 병든 지적 활동의 극단적인 사례다. 악행이 그가 좋아하는 기질에 더 쉽사리 부합하는 데다, 그의 사고에 더 큰 묘미를 주고 행동반경을 넓혀주기 때문이다. 그는 타인의 운명처럼 자신의 운명에 별 관심이 없다. 하찮고 의심스러운 이득을 위해서도 온갖 위험을 무릅쓰며, 그 자신이 주정(主情) ─ 이지(理知)보다는 감정이나 정서에 입각해 가장 어렵고 위험한 행동을 추구하려는 충족될 길 없는 갈망 ─ 의 꼭두각시이자 희생자다."

이야고 역을 맡았던 19세기의 위대한 배우 부스의 말도 들어보자. "이야고를 제대로 표현하려면 관객들이 알고 있는 모습이 아니라 등장인물들이 생각하고 언급하는 것과 같은 모습으로 보이도록 해야 하고, 진지한 모습으로 심지어는 관객들의 마음까지 얻도록 노력해야 한다. 악당처럼 행동하지도,

보이지도, 말하지도 (가령 무서운 표정을 짓거나 고함을 지르는 식) 말고, 악한이라는 생각만 내내 가지고 있어야 한다. 그리고 상냥하고 가끔씩 쾌활하되, 항상 신사다워야 한다. 생각하면 재빨리 행동에 옮기고, 뱀처럼 유연하고 꾸불꾸불한 모습이어야 한다."

○ 데스데모나

용기와 지성을 겸비한 여성. 다른 등장인물들이 군인다운 직선적인 면모를 지녔다고 하지만 데스데모나만큼 정직하고 직설적인 사람은 없다. 그녀의 말은 길지는 않지만 한마디 한마디가 모두 값지고 의미 있다.

데스데모나가 보는 오셀로는 흥미진진하고 위험천만한 수많은 모험담의 주인공이다. 그리고 사랑이 필요한 고아였다는 점이 그녀의 마음을 흔든 데다가 지금은 베니스에서 유력하고 명예로운 인물로 대접받고 있으니, 어찌 매력을 느끼지 않겠는가? "그런 이야기라면 내 딸도 마음을 빼앗길 것 같다는 생각이 드는구려"라는 대공의 말이 그 증거다.

사이프러스에서 데스데모나는 사령관의 아내로서 청원하는 사람들을 맞이하고 공식 연회의 여주인 노릇을 하는 등의 역할을 해나간다. 결혼과 함께 이런 역할을 감당하면서 행복을 누리던 그녀이기에 남편이 등을 돌렸다는 사실은 생각하기조차 싫다. 이처럼 황당한 상태는 남편의 살의를 깨달을 때까지 계속된다. 그러다가 마침내 결백을 주장하며 대담하고 용기 있게 자신의 입장을 변호하지만 소용없다. 결국 남편 손에 죽어가면서도 그를 보호하고 지켜주려는 모습에서 알 수 있듯이 그녀는 진정으로 남편만을 사랑했던 정숙한 아내다.

○ 에밀리아

이야고의 아내이자 데스데모나의 하녀로서 실용적인 지혜와 쾌활한 성격을 지닌 여성이다. 남자들을 깔보듯 말하면서도 아내로서의 도리를 다하며 필요할 때마다 남편을 옹호한다. 그러나 남편의 악행을 알고 나서는 남편에 대한 모든 믿음을 버리고 호되게 비난하다가 남편 칼에 목숨을 잃는다. 그녀는 대부분의 남성이 어리석고 못되고 마음이 비뚤어져 있다고 생각하는데, 실제로 그녀가 겪은 것을 보면 그 생각을 뒤집을 만한 반증이 하나도 없다.

마무리 노트

등장인물 짝짓기

〈오셀로〉에서는 가치관이나 관심사항이 다른 두 등장인물이 경험이나 사건을 통해 한 쌍으로 엮이는 경우가 많다. 이야고와 로더리고, 데스데모나와 에밀리아, 오셀로와 이야고, 이야고와 에밀리아가 그런 경우다.

이야고와 로더리고는 이용하고 이용당하는 쪽으로 짝을 이룬다. 관객들은 이야고가 로더리고에게 하는 말로 고약한 의도를 알아채지만 어리석은 로더리고가 눈치를 채지 못하는 바람에 봉 노릇을 한다. 데스데모나와 에밀리아는 새롭게 만난 사이지만 이내 따뜻한 대화를 나눌 수 있는 관계로 발전한다. 그러나 두 사람이 인생을 바라보는 시각은 다르다. 데스데모나는 고결하고 낭만적인 면모를 보이는 데 반해 에밀리아는 실제적이고 현실적인 태도를 드러낸다. 그러나 위기 상황에서는 모두 정직함과 충실함이란 기본적인 가치관을 잃지 않는다.

이야고와 에밀리아는 부부 사이로 겉보기로는 성격이 비슷한 것 같지만 인생관은 다르다. 직설적이고 솔직하게 말하는 이야고는 '가공하지 않은 다이아몬드'라는 세평을 받지만 못된 술책을 감추기 위해 그 평판을 이용한다. 그렇다면 '가공하지 않은 다이아몬드'는 오히려 에밀리아의 품성을 나타내는 말로 볼 수 있다. 두 사람은 남녀의 본성에 대한 인식이 서로 다르고, 에밀리아의 행동을 구속하려는 이야고의 태도로 마찰을 빚기도 하지만 — 적어도 이야고의 진의를 분명하게 확인할 때까지는 — 에밀리아가 남편의 뜻을 고분고분 따르기 때문에 별다른 충돌이 없다.

한 쌍으로서 오셀로와 데스데모나의 관계가 진전되는 과정은 한층 은밀하고 복잡하다. 두 사람의 대화는 예의를 지키는 딱딱한 말투다. 그러나 이런 말투는 사랑이 넘치는 전반의 관계는 물론, 학대와 고통이 이어지는 후반에서도 그대로 지속된다. 이들은 항상 일정 수준에서 서로를 존중하며, 기본적인 사랑은 변함이 없지만 주변 정황 때문에 거리가 멀어지면서도 예의를 지키는 딱딱한 어법은 마지막 장까지 그대로 이어진다.

주요 주제

문학작품에서 주제는 통일성을 지니고 반복적으로 나타나는 주요 문제나 사상, 등장인물과 그들의 세계를 좀더 깊이 이해할 수 있게 해주는 주요소라고 하겠다. 〈오셀로〉의 주제는 등장인물의 가치관과 욕구를 반영하고 있다.

● 사랑

〈오셀로〉에서 사랑은 엄청난 장애를 극복한 힘이지만

하찮은 장애에 발목이 잡힌다. 사랑은 영원하긴 해도 궤도에서 이탈할 수 있는 것이다. 사랑은 오셀로에게 뜨거움을 안겨주되 나아갈 방향을 제시해 주지 못하고, 데스데모나에게도 그의 가슴으로 접근할 수는 있어도 그의 정신 속으로는 파고들지 못하게 한다.

오셀로는 사랑의 여신 아프로디테가 살았던 사이프러스로 데스데모나를 데리고 간다. 그러나 오셀로의 사이프러스는 전쟁을 대비해 요새화한 곳으로서 사랑이 최우위를 차지하지 못한다. 오셀로는 사랑에 온 몸을 바치고 있다고 생각하지만 끊임없이 전쟁을 우선시하고 아프로디테를 경시함으로써 결국 전쟁에서는 이겼지만 사랑에서는 패배자가 된다.

오셀로는 결혼 생활 속의 사랑이 믿음을 쌓아가려면 얼마간 시간이 필요하다는 점을 알고 있지만 그의 적이 매우 신속하게 움직임에 따라 그런 시간 여유를 가질 수 없게 된다. 두 사람을 이어주는 강한 힘은 열정인데, 데스데모나는 그 열정을 바탕으로 오셀로에게 꾸준히 헌신적 사랑을 키워나가지만 오셀로는 그 강도와 속도 면에서 아내를 따라가지 못한다. 이야고도 오셀로의 고상하고 굳건한 품성을 보고 '데스데모나의 가장 소중한 남편 구실'을 할 것이라고 생각하면서도 그를 혐오하기 때문에 그런 남편으로 자리 잡지 못하도록 막는다.

이야고는 로더리고와 카시오에게 거짓된 우정을 보이다가 나중에 둘 다 배신한다. 데스데모나가 카시오에게 보이는 우정 어린 사랑은 거짓이 없지만 질투심에 사로잡힌 오셀로는 불륜으로 오해한다. 우정 어린 진정한 사랑은 숨진 데스데모나의 명예를 지켜주기 위해 거짓말로 일관하는 남편과 정면으로 맞서는 에밀리아에게서 나타난다. 결국 그 일로 에밀리아는 남편 손에 목숨을 잃는다.

이야고는 '사랑'이란 말을 그릇되게 사용한다. 그는 로더리고를 속여 돈을 뜯어내고 그를 부추겨 자기 이익만 챙기면서도, 그리고 잔인하기 이를 데 없는 거짓말을 오셀로의 귀에 속삭이면서도 그들에게 사랑한다고 말한다. 심지어 데스데모나도 사랑한다고 말하지만 그것은 욕정을 느낀다는 뜻이다. 이처럼 이야고에게 사랑은 한낱 도구에 불과할 뿐이다.

● **편견**

인종적 편견이 베니스 사회에 깊숙이 스며 있지 않았다면 이야고의 계획이 제대로 실행되지 못했을 것이다. 데스데모나와 오셀로는 그 편견을 잘 알고 있다. 셰익스피어는 데스데모나로 하여금 삶을 뜻대로 선택하지 못하도록 가로막는 편견에 감연히 맞서게 만든다. 그녀는 오셀로와의 관계가 사랑으로 맺어진 만큼 의식적으로 사랑에만 충실하고자 한다.

그러나 오셀로는 이런 편견이 자신의 의식 속에 얼마나 깊숙이 자리 잡고 있는지를 제대로 인식하지 못하고 엉뚱한 생각에 빠져 중심이 흔들린다. "나는 매력이 없다", "나는 데스데모나에 못 미치는 사람이다", "그녀가 나를 진정으로 사랑한다는 것은 사실일 리 없다", "그녀가 정말 나를 사랑한다면 그것은 그녀에게 뭔가 잘못된 점이 분명히 있다"는 식이다. 이야고는 노골적인 거짓말이나 암시로 그런 생각을 부추기고, 오셀로는 걱정과 불안을 데스데모나에게 솔직하게 털어놓지 못한 채 당혹감과 터무니없는 가정에 따라 행동한다. 이처럼 의식 속에 깊숙이 자리한 편견과 이야고가 흘려 넣는 독약을 이겨내려면 거의 완벽에 가까운 자기인식과 의지력이 있어야겠지만 그 누구에게도 기대하기 어려운 부분이다.

● 질투심

오셀로를 파멸시킨 것은 다름 아닌 질투심이다. 이야고가 오셀로에게 표현하는 질투심이란 이런 것이다. "이건 파리한 눈빛을 한 괴물인데, 사람의 마음을 음식인 양 먹기 전에 우선 조롱부터 하는 놈입니다." 이야고는 에밀리아와의 관계에서 겪어보았기 때문에 질투심이 어떤 것인지를 잘 안다고 생각한다. 에밀리아는 질투심이 남자의 속성 중 하나라고 생각하지만 이야고가 느낀 질투심은, 그가 오셀로의 마음속에 불붙인 폭풍 같은 질투심에 비하면 아무것도 아니다.

이야고는 오셀로가 불안정하고 과잉반응을 보인다는 점을 알고 있었지만 그토록 극단적일 것이라고는 예상하지 못했다. 오셀로는 데스데모나의 배신행위에만 집착하기 때문에

다른 설명이나 해명이 파고들 여지가 없고, 이성과 상식적 판
단력, 공정성을 중시하던 태도가 모두 무색해진다.

데스데모나를 살해하는 순간까지도 오셀로의 질투심은
계속 증폭되어 이성적 판단이 되살아날 여지가 없다. 그는 아
내가 결백하고 자신이 터무니없이 그녀를 죽였다는 사실을 깨
달은 뒤에야 비로소 제정신을 차리고, 자신의 삶을 돌이켜보
며 비탄에 젖는다. 그리고는 이성적이고 차분한 말투로 자책
한 뒤 자결한다.

● 겉보기와 실체

〈오셀로〉에서 겉모습과 실상은 중요한 의미를 지닌다.
오셀로는 보아야만 믿고 진상의 증거 또한 가시적인 것이어야
한다. 어떤 일을 '입증하기' 위해서는 진상이 드러날 때까지
철저하게 파고든다. 오셀로는 이야고에게 "이 악당아, 내 아내
가 음탕한 계집이라면 확실히 증명해 보거라. 눈에 보이는 증
거를 내놓아"라고 다그친다.

이야고는 눈에 보이는 증거 대신 카시오와 데스데모나
가 놀아나는 가상적인 모습을 들먹임으로써 질투심을 자극한
다. 오셀로의 마음이 크게 흔들리면서 그 생각에 압도당한다.
그는 데스데모나의 하얀 피부색을 바라보면서 흰색은 순결을,
검은색은 사악함을 나타낸다는 종래의 상징적 의미에 사로잡
히고, 의심이 들 때마다 그 의미가 되살아나 괴롭다. 지금까지

의 경험에도 아랑곳없이 그런 상징적 의미의 굴레에서 벗어날
수가 없는 것이다.

　〈오셀로〉에서 붉은색은 사랑을 의미한다. 사랑의 징표
인 손수건에 새겨진 붉은색 하트 모양의 빨간 딸기도, 오셀로
와 데스데모나가 첫날밤을 보내면서 홑이불에 남긴 붉은색 흔
적도 모두 사랑을 상징한다. 첫날밤용 홑이불과 사랑의 징표
인 손수건처럼 흰색 바탕에 붉은색이 있는 것은 오셀로의 마
음속에 자리한 둘만의 소중한 것이기에, 아내 역시 소중하게
여길 것이라고 생각한다. 그런데 그 소중한 것을 다른 사람에
게 주어버렸다고 믿었으니 그 배신감이 오죽했겠는가.

●정직함과 거짓, 그리고 기독교적 가치

　〈오셀로〉에 등장하는 모든 인물의 행동은 전통적인 기
독교적 가치관의 범위를 벗어나지 않는다. 그 가치관의 핵심
은 정직함과 성윤리다. 오셀로의 세계에서 정직한 사람이란,
솔직하고 믿음직하며, 말을 해야 할 때는 있는 그대로를 밝히
고, 필요할 때는 침묵하는 사람이다. 정직함이란, 한 번 입 밖
에 낸 말은 반드시 지키며 충실함을 변함없이 유지하는 것을
뜻한다. 정직한 사람은 대인관계와 사업상의 문제에서 신뢰하
고 친구로서 충실하며 비밀을 유지할 것으로 믿어도 된다. 그
뿐 아니라 정직한 사람은 성윤리 면에서도 믿을 만해야 한다.
성윤리를 따르려면 부부는 서로에게 충실하고 한눈을 팔아서

는 안 된다. 그러나 인간의 본성이 이 같은 이상적인 기준을 항상 지킬 수 있는 것은 아니기 때문에 셰익스피어가 살던 사회에도 간통과 매춘, 뒤늦게 후회할 만한 충동적인 언행 따위를 많이 엿볼 수 있다.

'정직하다'는 것이 '믿음직하다'거나 '성윤리 면에서 올바르다'는 것을 의미한다면, 그 반대는 '그릇되다'로서 가짜이자 믿을 수 없고 고약하며 부패한 것을 뜻한다. 성윤리 면에서 올바른 행동이란 '정숙한' 것이며 올바르지 못한 행동은 '음탕한' 것이다. 오셀로는 데스데모나가 부정하다고 생각해서 죽이고, 이야고는 에밀리아가 정직해서 살해한다.

〈오셀로〉의 세계에서는 모두가 기꺼이 받아들일 수 있는 인간관계의 기본 바탕으로 이런 가치관을 옹호한다. 이 작품은 기독교적 가치관을 밑바탕에 깔고 있지만 등장인물의 대화 속에서는 종교적 인식과 관심을 거의 찾아볼 수 없다. 예외가 있다면 오셀로가 데스데모나에게 죽기 전에 죄를 용서받을 수 있도록 기도할 시간을 주겠다고 한 부분이다. 그러나 데스데모나는 오셀로를 설득하는 데 더 큰 관심을 기울이면서 기도는 그저 "주여, 제게 자비를 베푸소서"가 전부다. 이야고는 가치관 따위에는 무관심하며 그때 그때의 상황에 맞춰 일상적으로 교묘히 조종하고 술책을 부린다.

셰익스피어의 비극

고전적 비극의 극적 양식은 고대 아테네의 비극에서 따온 것이다. 고대 비극은 그리스 신화에 나오는 영웅이나 유명한 인물의 몰락을 그리고 있다. 그 영웅들은 엄청난 운명적 상황에 맞서 싸우다가 패배하지만 그 패배가 너무나 숭고하고 장엄해 오히려 그를 파멸시킨 힘을 제압하는 도덕적 승리를 거둔다. 그 비극은 관객들의 동정과 두려움을 자아내며 감정의 응어리를 깨끗이 씻어냄으로써 정신적 평안을 되찾는 카타르시스를 선사했다.

●줄거리 및 시간과 장소의 통일성

아리스토텔레스는 장소와 시간, 행위의 비극적 통일성을 강조했다. 즉 비극 전체가 단일 장소, 예를 들면 어느 집이나 도시의 광장(이 장소로 다른 곳에서 온 사자(使者)들이 드나들어야 한다.)에서 벌어지고, 하루 사이에 일어나며 (과거에 일어났던 사건에 대한 언급 포함) 작은 줄거리로 분산됨이 없이 한 가지 줄거리로 전개되어야 한다는 것이다.

이런 엄격한 정의에 비춰본다면 셰익스피어의 비극은 통일성이 느슨하다고 할 수 있다. 그러나 〈오셀로〉는 불규칙하게 전개되는 〈햄릿〉보다는 훨씬 더 아리스토텔레스의 정의를 충실하게 따른다. 우선 베니스에서 벌어지는 1막을 제외하면 〈오셀로〉 전체가 사이프러스의 성채 안에서 전개된다. 그리고 작품이 전개되는 기간이 구체적으로 나타나지 않지만 (2-3주간에 걸친 작품이란 추정은 가능하다.) 주요 장면들은 하루의 시간대가 비교적 분명하게 드러난다. 가령, 베니스에서 자정 넘어 오셀로와 데스데모나가 도망치는 것으로 시작해 다음날 새벽에 원로원 회의가 열리고, 오전에 사이프러스에 태풍이 몰아치고 오후에 상륙해 사태가 전개되며, 다시 이른 저녁시간에 운명의 술잔치가 벌어지고 잠자리에 들 시간에 살인이 벌어진다. 그렇다고 하루 동안에 이 모든 일이 벌어진 것은 아니지만 관념적으로는 마치 하루에 전개되는 것 같은 인상을 준다.

줄거리도 상당한 통일성을 갖춰 오셀로와 그의 운명에 초점을 맞추고 있다. 다른 사람과 다른 사건은 이 초점과 연관성이 있을 때만 다뤄진다. 이런 면에서 〈오셀로〉는 셰익스피어의 작품으로는 고전적 비극에 가장 근접해 있다.

● 비극적 결함

A. C. 브래들리는 셰익스피어 비극의 특징이 '비극적 결함'에 있다고 지적했다. 파멸하거나 몰락한 영웅에게 본질적인 결점이 있다는 것이다. 주인공의 몰락이 그 자신의 행위에서 비롯되기 때문에 더 이상 전통적 비극처럼 도저히 맞설 수 없는 운명의 희생자가 아니라는 것이다. 일부에서는 오셀

로의 비극적 결함이 질투심이라고 지적한다. 의심으로 불타오르는 질투심은 차분한 상식적 판단으로 억제되지 못한 채 행동으로 이어졌다. 그러나 요즘의 해석은 약간 다르다. 오셀로의 비극적 결함은 질투심이 아니라 주변 사람들의 편견—흑인은 매력이 없고 인간답지 않으며 사랑할 만한 가치가 없다—을 그대로 받아들인 데 있다는 것이다. 이 같은 편견에 사로잡혀 데스데모나의 진정한 사랑을 믿지 못하게 되고, 그것을 거짓이거나 그릇되고 타락한 감정으로 오해한다. 그리고 그의 내면 깊숙한 곳에 도사리고 있는 두려움과 불안을 이야고가 슬쩍 건드리자 선뜻 받아들이는 어리석음을 내보이고 만다.

●작품의 구조

셰익스피어의 비극은 보통 5부(part)로 구성되고, 한 부가 한 막(act)으로 5막이 된다. 1부는 서설적(序說的) 설명부로서 상황의 개요가 약술되고, 주요 등장인물이 소개되며, 행위와 줄거리가 시작된다. 2부는 전개부로서 줄거리가 계속되고, 사건이 얽히는 정황이 소개된다. 3부는 결정적 단계(클라이맥스)부로서 모든 상황이 정점으로 치달아 반전이 일어나거나 갑자기 공감대가 형성된다. 4부는 3부의 상황이 더욱 진전되면서 5부로 넘어간다. 5부에서는 마지막 위기 국면이 전개되거나 새로운 사실이 폭로되면서 해결 또는 해소 국면으로 이어진다. 〈오셀로〉 역시 이 형식을 그대로 따르고 있다.

이 부분은 원작에 대한 이해력을 테스트하는 난입니다. 다음의 세 가지 코너를 차례로 끝내면, 〈오셀로〉에 대한 포괄적이고 의미 있는 파악이 가능해질 것입니다.

A 다음 질문에 알맞은 답을 하시오.

1. 로더리고는 왜 이야고에게 많은 돈을 주었는가?

2. 이야고는 왜 오셀로에게 화가 났다고 주장하는가?

    a. 승진에서 제외시켰기 때문에
    b. 데스데모나와 결혼했기 때문에
    c. 그를 빼놓고 사이프러스에 갈 계획을 짰기 때문에

3. 이야고는 로더리고과 함께 브라반쇼를 찾아가 데스데모나가 도망쳤다고 알린 뒤에 왜 곧바로 자리에서 빠져나갔는가?

    a. 브라반쇼가 그를 싫어하기 때문에
    b. 그의 아내가 집에서 기다리고 있기 때문에
    c. '사랑하는' 오셀로에게 계속 계략을 꾸며야 하기 때문에

4. 이야고가 데스데모나와 카시오가 연인 관계라고 오셀로에게 처음으로 믿게 만든 것이 언제인가?

    a. 데스데모나가 손수건을 잃어버렸다고 이야고가 말했을 때
    b. 카시오가 데스데모나와 함께 있다 황급히 떠나는 모습을 이야고와 오셀로가 목격했을 때
    c. 이야고가 비앙카에 관해 카시오와 이야기를 나눌 때

5. '파리한 눈빛을 한 괴물'은 무엇인가?

6. 데스데모나가 잃어버린 손수건의 모양은?

    a. 오셀로 집안의 이름 첫 글자를 붙인 것이다.

    b. 오셀로가 참전했던 한 전쟁터에서 가져온 수를 놓은 희귀한 실크
       손수건.

    c. 딸기 무늬가 있는 손수건.

7. 오셀로는 어떻게 죽는가?

    a. 칼로 스스로 목숨을 끊는다.

    b. 데스데모나가 죽은 것을 보고 격분한 로도비코에게 죽는다.

    c. 죽지 않고 조사를 받기 위해 베니스로 압송된다.

모범답안: 1. 데스데모나가 자기에게 환심과 사랑을 갖도록 하기 위해   2. a 3. c
          4. b 5. 질투심 6. c 7. a

 원작에서 다음 인용문을 찾아, 그 장면에 대해 설명하시오.

1. 아무래도 기분이 좀 상하신 모양인데요.

2. 그런 이야기라면 내 딸도 마음을 빼앗길 것 같다는 생각이 드는구려

3. 저에게 두 가지 의무가 있다는 것을 분명하게 인식하고 있습니다.

4. 내가 취했다고 생각해선 안 된다구.

5. 아니, 그렇게 쓰러져서 으르렁거려 보세요.

6. 이 불을 끄고 그 불도 꺼야지.

7. 나는 내가 아니다.

8. 아씨는 천사예요. 거기에 대면 당신은 시커먼 악마!

9. 남자들이 우리들을 다른 여자들과 바꿔보는 건 무엇 때문일까요?

10. 향기 진한 입김, 여기서는 정의의 신이라도 칼을 꺾지 않을 수 없겠
구나.

모범답안: 1. 이야고가 한 말. 오셀로의 가슴속에 데스데모나가 부정을 저질렀다는 의심을 심어준 뒤에.(3막 3장) 2. 대공의 말. 오셀로가 인생 역정을 들려주어 데스데모나의 사랑을 얻었다고 설명한 뒤에.(1막 3장) 3. 데스데모나의 말. 원로원에서 아버지에게 순종할 의무가 있다는 것을 인정하면서도 이제는 남편을 따를 의무가 우선이라고 밝힌다.(1막 3장) 4. 카시오의 말. 이야고가 술을 먹여 취하게 만들었을 때. 이야고는 로더리고가 카시오를 집적거려 싸움을 건 뒤 그를 죽이게 만들기 위해 술자리에 억지로 끌어들인다.(2막 3장) 5. 에밀리아의 말. 오셀로가 악당의 부추김을 받고 아내를 죽였음을 알았을 때.(5막 2장) 6. 오셀로의 말. 데스데모나를 죽이려 할 때.(5막 2장) 7. 이야고가 한 말. 로더리고에게 자신이 악당이라고 말하면서.(1막 1장) 8. 에밀리아의 말. 살인을 저지른 뒤 오셀로가 자백할 때.(5막 2장) 9. 에밀리아의 말. 남편들의 못된 짓에 대해.(4막 3장) 10. 오셀로의 말. 데스데모나를 죽이려 하면서 망설이는 가운데.(5막2장)

 다음 주제에 대해 간단히 서술하시오.

1. 이야고가 오셀로를 속이는 과정을 살펴보면서 어느 사건이 계획적이고 어느 것이 우연인지를 구별해 보라. 이야고는 노련함 때문에 성공한 것인가 아니면 운이 좋아서 성공한 것인가?

2. 나이와 사회적 지위, 인종문제가 오셀로와 데스데모나의 관계에 어떤 영향을 미쳤는가?

3. 이 비극은 성격상의 결함 때문에 탁월한 인물이 몰락한 내용을 다룬 것이다. 오셀로의 결함이 무엇인지, 또 어떤 면에서 그가 진정한 의미의 비극적 영웅인지를 간단히 서술하라.

4. 이야고가 오셀로를 미워하게 된 동기는 여러 가지라고 할 수 있다. 그가 직접 밝힌 동기와 이야고의 언행 속에 암시된 동기를 빠짐없이 서술하라.

5. 베니스 사람들의 편견을 찾아내고, 이 희곡이 관객들의 편견을 어떻게 노출시키는지를 간단히 서술하라.

一以貫之

논술노트

죽음으로 이루는 '완벽한' 사랑　●

실전 연습문제　●

一以貫之는 '논어'에 나오는 말로 '모든 것을 하나의 이치로 꿴다'는 뜻입니다.

논술의 주제와 문제 유형, 제시문들은 참으로 다양하고 가지각색입니다. 그러나 그 모든 것을 하나로 꿸 수 있습니다. '인간사회의 보편적 문제들에 대한 근원적인 물음에 답하는 자기 나름의 견해'라는 것이지요. 논술은 인간이면 누구나 부닥치는 개인적 또는 사회적 문제들에 대한 자기 나름의 고민이자 성찰입니다. 논술은 자기견해, 자기 가치관, 자기 삶에 대한 솔직한 고백입니다.

一以貫之 논술연구모임은 '자신의 물음'과 '자신의 생각'을 갖고 '자신의 글'을 쓸 수 있도록 도와줍니다.

〈집필진〉
우한기, 이호곤, 박규현, 김법성, 김재년, 김병학, 도승활, 백일, 우효기, 조형진

죽음으로 이루는 '완벽한' 사랑

누구나 꿈꾸는, 그러나 불가능한

누구나 사랑을 한다. 그리고 누구나 그 사랑이 완전하기를 바란다. 그(녀)의 마음속은 온통 나만으로 가득 차기를 바란다. 그(녀) 속에 나 아닌 어느 것도 있어서는 안 된다.

그러나 그런 일은, 어떤 경우에도, 있을 수 없다. 상대가 '흔들리는 갈대'라서가 아니다. 상대가 흔들리든 흔들리지 않든 간에 이런 일은 불가능하다. 왜냐? 내가 완전한 사랑을 꿈꾸는 한, 나는 완전한 그(녀)를 이미 내 마음속 깊숙이 각인하였고, 그렇게 새겨둔 그(녀)는 이미 세상 사람이 아니기 때문이다.

이번에는 세상 것 아닌 사랑을 세상에서 끊임없이 확인하고자 한다. 어떻게? 눈으로, 귀로, 느낌으로, 미세한 세포의 떨림 하나하나까지로.

그러나 완전을, 순결을 확인하고자 하는 시도는 언제나 실패다. 상대가 '흔들리는 갈대'라서가 아니다. 내 눈, 내 귀, 내 느낌, 내 세포의 미세한 흔들림까지 만족시켜줄 사람이 있을 리 없지 않은가!

오셀로의 비극은 이것이다. 그가 '창조한' 완벽한 여인 데스데모나는 결코 '흔들리는 갈대'가 아니었지만, 오셀로의 기준을 충족시킬 수는 없었다. 그녀는 다름 아닌 사람이었으므로. 사람인 그녀는 오셀로의 기념품일 수 없었다. 살아 숨쉬는 그녀가 영원한 기념품이기를 바랐던 오셀로에게 이야고의 입방정은 치명적일 수밖에 없다. 완벽은 소문에도 틈을 보여선 안된다. 일단 벌어진 틈은 메워지지 않는다. 확인을 거부하는 확신을 이길 수는 없는 법이다.

이제 완벽을 회복하는 길은 단 하나. 말 그대로 데스데모나를 기념품으로 만드는 것뿐이다. 데스데모나는 죽어야만 했다. 다른 길은 없다.

상대를 기념비로 만들어야만 만족하는, 언제나 내 것이어야만 한다고 여기는, 그리하여 너와 나 모두를 죽여야만 끝이 나는, 뒤틀린 사랑에 조종(弔鐘)을!

간략히 본 〈오셀로〉의 구도

이 작품은 신화에서 모티프를 따왔다고 한다. 전쟁의 신 마르스와 미의 여신 비너스가 사랑에 빠지자, 이를 시기한 절름발이 대장장이 불칸이 농간을 부린다는 내용이다. 그는 쇠그물을 짜서 이 둘을 꼼짝 못하게 만들었다. 〈오셀로〉를 이해하는 데 이 구도는 꽤 도움이 된다.

오셀로는 마르스와 마찬가지로 전쟁 영웅이다. 반면, 전쟁 말고는 아주 아둔하다. 그의 말대로 그는 '양팔에 힘이 생기기 시작한 일곱 살 때부터'(1.3) 전쟁터에서 살았다. 그가 데스데모나의 사랑을 얻게 된 것도 전쟁에서의 영웅담 덕분이었다. 데스데모나는 비너스처럼 아름다운 여인이다. 그리스 신화에서 비너스의 이름은 아프로디테이다. 그녀는 아름답기도 하거니와 바람기도 무척 많은 여신이다. 그러나 데스데모나는 정반대다. 요염한 여성임에는 틀림없지만, 오셀로에게 모든 것을 다 바치는 여인이다. 그녀의 비극은 너무나도 아름다웠다는 점, 그러면서 카시오 같은 다른 남성에게 친절했다는 점, 남편이 자기를 영원히 사랑하리라 확신할 만큼 오만했기에 자신의 사랑을 자주 확인해 주지 않았던 점 때문에 일어났다. 이 작품에서 가장 매력적인(?) 인물은 아무래도 이야고다. 이야고(Iago)란 이름은 'I on go' 또는 'I-ago'로 해석되는데, '끊임없이 진행중인 나' 또는 '과거의 나'로 해석될 수 있겠다. 그처럼 그의 말은 언제나 뒤바뀐다. '어제의 나'와 '오늘의 나'가 늘 다르다. 그의 이야기는 끊임없이 확대되어 이윽고는 그 자신조차 감당할 수 없는 지경에 이른다. 이 말의 사슬에 오셀로가 얽혔고, 그로 인해 오셀로와 데스데모나뿐만 아니라 아내인 에밀리아마저 죽음으로 내몰게 된다.

이렇게 보면, 이 작품은 크게 두 개의 구성을 갖는 것으로 보인다. 하나는 오셀로나 데스데모나가 기대한 완벽한 사랑은 원천적으로 이루어질 수 없다는 것이고, 다른 하나는 말(이미지)로 시작된 사랑이 말 때문에 파멸에 이르고 만다는 것이다. 이 둘을 합치면, 이미지화된 완전한 사랑은 이미지 때문에 깨어지고 만다. 따라서 이미지 아닌 구체적 삶으로 가꾸어 나가는 사랑, 완성태 아닌 과정태로서의 사랑만이 함께 일구는 사랑이라는 결론을 얻을 수 있겠다.

세 개의 암시

작품에서 우리는 앞뒤 맥락상 별 필요가 없어 보이는 세 개의 장면을 접할 수 있다. 첫째는 투르크(터키) 함대가 출정한다는 보고들이 서로 엇갈리는 1막 3장의 첫 장면이다. 둘째는 2막 1장에서 투르크 함대가 풍랑 때문에 어처구니없이 침몰하는 장면이다. 셋째는 3막 1장에서 부관 직에서 잘린 카시오와 어릿광대가 나누는 대화다.

1막 3장의 첫 대사는 공작의 다음과 같은 말이다.

이 보고들이 이토록 어긋나니 어느 것을 믿어야 할지 모르겠소.

그도 그럴 것이 누구는 107척이라고 하고, 누구는 140척이라고 하며, 또 다른 누구는 200척이라고 보고한다. 게다가 보고상으로는 그 규모를 알 수 없는 투르크 함대가 로즈 섬으로 향하고 있다는 보고가 올라온다. 그러자 의원 하나는 "외관상 그렇게 보여 우리 눈을 속이자는 것이 아니겠습니까?"라면서 틀림없이 사이프러스로 향할 것이라고 말한다. 이어지는 보고들….

동일한 현상에 각기 다른 내용을 담은 수많은 보고들이 올라온다. 이것은 이 작품의 주요 주제가 '말'과 연관되어 있음을 암시한다. 말들이 난무하지만, 그것으로는 결코 실제를 파악할 수 없다는 것이다. 더욱이 로즈 섬으로 향한다는 보고를 듣고 사이프러스로 향할 것이라 결론짓는 대목에서는, 말과 실제가 전혀 다를 수 있다는 것을 보여준다. 이것은 말과 실제를 동일시하는 오셀로의 모습과 대비된다. 그렇게 보는 한, 그는 파멸에 봉착하고 말 것이다.

2막 1장에서는 그렇게 씩씩하게 출정했던 투르크 함대가 전혀 예기치 않은 풍랑에 터무니없이 침몰하는 장면을 보여준다. 이것은 오셀로와 데스데모나의 그 튼튼하던 사랑도 전혀 예상하지 못했던 우연한 풍랑에 허무하게 무너질 것이라는 점을 암시하는 것 아닐까? 물론 그 풍랑은 이야고의 세 치 혀끝에서 나오는 말이 될 것이다.

3막 1장에서는 카시오와 어릿광대, 그리고 악사가 나누는 대화가 나온다. 여기서 어릿광대의 말이 이 작품의 주제를 보여준다. 악사의 악기에서 붕붕 소리만 나오자, 어릿광대는 '꼬리가 붙어 있는 게로군'이라고 말하고, 이어서

붕붕 소리가 나는 물건 옆에는 대개 무엇이 달려 있거든.(3.1)

이라고 말한다. 이야고의 입에서 나오는 모든 말에는 꼬

리가 달려 있다는 것을 암시하는 대목이다. 그 어릿광대에게 카시오가 "여보게, 충직한 친구, 내 말 좀 들어주겠나?"라고 하자, 어릿광대는 "당신의 충직한 친구의 말은 들을 수 없어도 당신의 말은 들을 수 있으니 말해 보시오"라고 대꾸한다. 충직한 친구는 말로 이뤄지는 것이 아니다. 그것은 구체적인 삶에서, 말없이, 느끼는 것이다. 진실로 충직한 친구는 삶으로 말한다. 그렇게 스며든다.

이 세 개의 암시는 하나로 합칠 수 있다. 오셀로와 데스데모나의 사랑은 말에서 시작했다. 흔들림 없을 것만 같던 사랑이지만, 그것이 말에서 시작한 것인 한, 이야고의 아주 작은 말이 이윽고 풍랑이 되어 그 사랑을 허물어버린다는 것이다. 말에는 늘 꼬리가 달려 있는 것인 만큼 오셀로와 데스데모나의 말로 시작한 사랑은 처음부터 파국의 위험을 달고 시작한 것이라고 하겠다.

말로 시작하여 말로 끝나는

이 작품은 말 그대로 말로 시작하여 말로 끝난다. 1막 1장의 첫 대사는 로더리고의 "쳇, 말도 꺼내지 마라"로 시작한다. 5막 2장의 마지막 대사는 로도비코의 "가서 이 엄청난 사건을 괴로운 마음으로 보고해야겠소"다. 말도 꺼내기 싫은 이야기가 결국은 진행되었고, 종말은 괴로운 마음으로 보고해야 하는 비극으로 끝난다는 것이다. 그러나 이 정도로 이 작품을 설명하고 끝낼 게 아니다. 유심히 보시라. 시종일관, 어느 한 막장을 막론하고 무수한 '말', '말', '말'이 쏟아져 나온다. '이야기', '보고', '증언', '소문', '칭찬', '욕', '청원', '부탁', '참말', '거짓말', …. 유별나게 이 '말'이란 놈이 작품 전체를 뒤덮고 있다.

오셀로와 데스데모나의 사랑도 말로 시작했다. 데스데모나가 오셀로에게 반한 건, 그의 인생 전체가 한 편의 영웅담이기 때문이다. 그래서 그녀는 그런 말을 할 줄 아는 사람이라면 '자기 마음을 송두리째 차지할 수 있을 거라고'(1.3) 은근히 사랑을 고백한다. 오셀로의 사랑도 말로 시작하긴 마찬가지다. 그는 그의 무용담에 그녀가 열심히 귀 기울이는 것을 '눈치 채고 적당한 기회를 엿보아 그녀 쪽에서 더욱더 열을 올리도록 유도'했다.(1.3) 그렇게 그들은 이야기로 맺어진 관계. 둘의 관계를 오해하는 사람들에게 사랑을 확인하는 방법도 역시 '말'이다. 의원단 있는 곳으로 데스데모나가 나타나자 오셀로는 "그녀에게 직접 증언을 들어 보십시오"라고 말한다.

데스데모나의 증언으로 둘의 사랑을 확인하고 낙담한 브라반쇼에게 공작이 위로의 말을 건네자, 브라반쇼는 이렇게 말한다.

그러나 말은 어디까지나 말이죠. 단지 위로의 말만 듣고 멍든 가슴이 아물었다는 얘기는 들어본 적이 없습니다.(1.3)

이 대사는 작품 전체의 주제와 연관된다. 어디까지나 말일 뿐인 말이 모든 것을 시작하게 했고, 모든 것을 끝나게 한 것이다. 말만으로 해결되는 것은 아무것도 없는데도 말이다.

이야고가 오셀로를 시기하는 것도 역시 '말' 때문이다. 그는 오셀로가 자기 아내와 부정을 저질렀다는 '소문'을 듣고, 그것이 참말이든 거짓말이든 간에 소문을 들은 이상은 복수를 하겠다고 다짐한다. 그가 음해하는 카시오 부관 역시 부정한 짓을 했다는 '소문'의 피해자이긴 마찬가지다.

오셀로의 비극은 그가 말과 본심을 똑같은 것으로 여긴다는 데 있다. 이야고의 평가에 따를 때, 그는 '서글서글하고 정직한 성격이라 겉으로 충실한 척하면 깜빡 속아 넘어갈 위인'(1.3)이다. 그가 데스데모나의 사랑을 믿는 것도 '아내 스스로가 나를 선택했기 때문'(3.3)이다. 그가 이야고를 대하는 태도도 절대적 신뢰다. "자네의 충성심과 정직성은 나도 잘 알고 있네."(3.3) 그런데 말만으로는 도저히 사실을 판단할 수 없는 상황이 발생한다. 이야고의 말과 데스데모나의 말, 이 둘 모두를 사실로 믿었지만, 그 둘이 충돌할 때 어느 하나는 거짓이다. 오셀로는 이 중 이야고의 말을 믿었다. 일단 그것을 믿자 나머지 하나는 거짓으로 전락하고 만다. 왜 한쪽 말만 믿고 나머지 한쪽 말은 믿지 않은 걸까?

겉과 속을 같은 것으로 여기는 것은 일종의 믿음이다. 오셀로는 데스데모나도 믿고 이야고도 믿었다. 그 믿음이 각각의 이미지를 만들었다. 데스데모나는 그녀 스스로 선택한 사랑을 온전히 지키리라는 이미지로 각인되었다. 그런 만큼 그녀의 사랑은 결코 변치 않아야 하고, 절대 오염되어서는 안 된다. 그에게 그녀는 '깨끗한 종이, 아름다운 책'(4.2)이어야만 한다. 절대로 다른 사람이 다른 글씨를 써서는 안 된다. 한편, 이야고는 항상 바른 말을 하는 충직한 부하의 이미지로 새겨졌다. 그런 만큼 그의 말은 늘 믿을 수 있다. 그러나 이 믿음은 사실 한쪽에게 일방적으로 유리하다. 데스데모나는 늘 그래야 하는 석고상 같은 이미지인 데 반해, 이야고는 그의 말이라면 무조건 믿는 이미지니까. 하나는 고정되고, 다른 하나는 움직인다. 이야고가 한 번도 구체적인 물증이나 증거를 제시하지 않았는데도 그는 믿는다. 심지어 그는 이야고의 말장난에도 넘어간다. 이야고가 그에게, 카시오와 데스데모나가 '잤다'고 말하자, 그는 대뜸 그 말을 '올라탔다'로 해석하고는 그대로 믿어버릴 정도다. 결국 그는 상대방을 구체적으로 파악하고 믿은 게 아니라, 스스로 만든 이미지를 믿은 것이다. 그가 만들어놓은 데스데모나의 이미지가 완벽하면 할수록 그것을 흠집 내는 말도 강력해진다. 그 점을 이용하여 이야고는 오셀로의 '귀에다 독약을 퍼넣'(2.3)었다.

데스데모나의 비극도 사실은 '말' 때문이다. 많은 관객들이 그녀를 동정하는 것은 당연하다. 정말 억울하니까. 그러나 그녀에게는 아무런 책임이 없을까? 나는 그렇게 보지 않는다.

그녀 역시 사태를 말로 판단했고, 이윽고 그 말에 치여 생을 마감했다.

데스테모나가 오셀로에게 반한 것은 '수많은 모험으로 세월을 보낸 한 강인한 장군'이라는 이미지에 빠진 것이라고 할 수 있다. 일단 완벽한 이미지가 형성된 이상은 오셀로의 나이나 피부색 따위는 부차적인 것으로 밀린다. 그의 이미지가 남아 있는 한, 그녀의 '사랑'은 지속될 것이다. 이 작품이 혼인 후 불과 며칠 만에 종말을 고하는 것은 우연이 아니다. 작가는 철저하게 이미지화한 사랑에 초점을 맞추고자 한 것이다. 이미지라는 것이 그리 오래 가는 건 아니므로, 길게 끌다가는 현실의 문제로 극이 지리멸렬해질 우려(?)가 있다.

사이프러스 섬에 당도했을 때 이야고에게 던진 그녀의 질문은, "나를 칭찬한다면 뭐라고 하겠어요?"다. 대답이 신통하지 않자, 재차 묻는다.

그러나 정말 훌륭한 여자는 뭐라고 칭찬하지요? 너무 깔끔하게 생겨서, 욕을 퍼붓고 싶어도 자연히 칭찬할 수밖에 없는 그런 여자 말예요.(2.1)

그녀는 남들이 자신의 미모와 총기를 당연히 칭찬해야 한다고 여긴다. 그렇게 주어지는 찬사가 그녀를 지탱해 온 힘이다. 지금까지 들어온 말이 스스로의 이미지를 만들어버렸다.

그렇게 칭송받아온 그녀가 사랑하는데, 오셀로가 감히 자기를 사랑하지 않을 수는 없다. 자기는 오셀로를 구원한 구원자다. 따라서 오셀로는 자기 말이라면 뭐든지 다 들어주어야 한다. 부관 직에서 잘린 카시오의 구명 운동을 다짐하면서 그녀가 하는 말은 이렇다.

아, 그런 걱정은 마세요. 여기 있는 에밀리아가 증인이에요. 틀림없이 복직시켜드리겠습니다. 염려 마세요. 친구가 된 이상 끝까지 도와드리겠어요. 우리 주인이 주무시지도 못하게 밤새껏 보채겠어요. 들어주실 때까지 물고 늘어질 작정이에요. 잠자리에 들어서도, 식탁에 앉아서도 그분이 하는 모든 일마다 쫓아다니며 당신의 청원을 부탁드려 보겠어요.(3.3)

데스데모나의 이 지나친 자기확신은 자기가 만들어놓은 이미지에 스스로 빠져든 것이라고 할 수 있다. 이것이 그녀를 비극의 주인공으로 만든 하나의 원인이다.

이외에도 작품은 지속적으로 이 '말'에 매달린다. 카시오가 부관 직을 잃게 된 계기도 이야고의 '정직한' 진술 때문이다. 그러고 나서 이야고는 카시오에게 권유한다. 데스데모나에게 부탁해 보라고. 데스데모나는 이 부탁에 따라 오셀로에게 청원한다. 이 청원이 빌미가 되어 이야고의 '말' 잔치가 시작된다. 일단 이야고의 말에 넘어간 오셀로는 그 말에 따라 카시오와 비앙카의 '무언극'을 '해석'한다.

이 작품에서 말로 성공을 거둔 이는 이야고인 것처럼 보인다. 그의 세 치 혀에 오셀로도, 카시오도, 로더리고도 놀아난다. 그러나 과연 그의 말은 성공한 것일까? 그 역시 자기 말 때문에 죽음에 이르고 마는데? 이야고의 직책이 기수(旗手)인 점에 주목하라. 그는 깃발을 펄럭이면서 신호(sign)를 보내는 사람이다. 그러나 그는 말을 비튼다(de-sign). 그리고 그 비틀린 말에 그 역시 휘말리고 만다.

이야고는 끊임없이 말을 생산한다. 등장인물이든 관객이든, 모든 사람들은 그가 써내려가는 줄거리대로 여지없이 휘둘린다. 그런 한, 그는 사건의 창조자, 조작자다. 그러나 그가 작품을 쓰면 쓸수록 작품은 너무 방대해진다. 이야기가 너무 부푼 것이다. 그리하여 그는 서둘러 작품을 끝내려 한다. 감당할 수 없을 만큼 복잡해진 작품을 단순화하고 싶었던 것이다. 그래서 그는 카시오와 로더리고, 그리고 데스데모나를 한꺼번에 정리하려고 했다. 그러나 말대로 되는 법이 없다는 것은, 말의 창조자인 이야고에게도 그대로 적용된다. 우연이 개입하는 것이다. 둘 중 하나는 반드시 죽어야 할 카시오와 로더리고이지만, 불행히도, 둘 다 살았다. 특히 이 모든 이야기를 알고 있는 로더리고는 죽은 줄만 알았는데 살아났다. 그러자 이야기의 주체였던 이야고는 졸지에 이야기 속 등장인물로 전락하고 만다. 그가 로더리고에게 써준 은밀한 편지는 만천하에 노출된다. 게다가 그의 아내 에밀리아마저 이야고와 관련된 이야기를 만인 앞에서 폭로한다. 이렇게 말하는 자는 언제나 말에 오르내리는 자로 돌변한다. 그가 이야기로 이끈 모든 것이, 이번에는 그를 포함한 이야기가 되어 '보고'된다. 소설을 쓰는 자는 언제든지 자기가 소설 속 인물이 될 각오를 해야 한다. 이것이 말로 빚어내는 인생의 귀결이다.

응축된 이미지 — '손수건'

〈오셀로〉에 나오는 이미지 중 가장 강력한 힘을 발휘하는 것은 데스데모나의 손수건이다. 그것은 오셀로가 기대하는 사랑이 응축된 것이기도 하다. 우리는 이 손수건을 대하는 오셀로의 태도에서 그의 사랑이 정확히 어떤 것인지 짐작할 수 있다. 그것은 한 마디로 '잃어버린 모성애'를 간절히 바라는 갓난아이의 갈망이라고 하겠다.

알다시피 오셀로가 데스데모나에게 준 손수건에는 빨간 딸기가 수놓여 있다. 많은 비평가들은 이것이 '순결'을 상징한다고 해석한다. 첫날밤에 확인할 수 있는 처녀의 흔적과 같은 것이리라. 이것은 오셀로의 말에서도 쉽게 짐작할 수 있다.

그 손수건은 이집트 여자가 어머니께 준 것이란 말이오. 그 여자는 마술사였는데 사람의 마음을 꿰뚫어볼 수 있었지. 한번은 어머니께 이렇게 말했소. 이 손수건을 갖고 있는 동안은 아내는 사랑을 받고 남편의 애정을 독차지할 수 있지만, 일단 잃어버리거나 남한테 주게 되면, 남편의 미움을 사게 되고 남편은 외도를 하게 된다고 말이오. 어머니는 돌아가실 때 그것을 내게 주시면서 결혼하게 되면 아내에게 주라고 하셨지. 그대로 한 셈이오. 그러니 그 손수건을 조심하시오.

…

그 명주실을 뱉어낸 것은 거룩한 누에고 그 실오라기는 사계의 도사가 처녀의 심장에서 뽑아낸 비약으로 염색한 것이었소.(3.4)

손수건의 실오라기가 '처녀의 심장에서 뽑아낸 비약으로 염색'했다는 말은 확실히 과장이겠지만, 이 손수건을 건넬 때 오셀로가 데스데모나에게 무엇을 기대했는지만큼은 분명하다. 그런데 과연 그가 기대한 것이 그녀의 처녀성만이었을까? 첫날밤을 지낸 그가 그것을 의심할 수는 없다. 그런데도 그는 이아고의 혀끝에 놀아났다. 도대체 그가 데스데모나에게 기대한 것은 무엇일까? 무엇이 그로 하여금 데스데모나를 그토록 위대한 여성으로 새기게 했는가?

이 비밀을 푸는 열쇠 역시 이 손수건에 있다. 사실 이 손수건은 그가 그토록 호들갑스럽게 표현할 정도의 물건은 아니다. 그것은 그저 '어머니가 주었던 유품'(5.2)일 뿐이었다. 그것이 신성한 손수건으로 둔갑한 것이다. 이렇게 손수건을 신성하게 포장하는 오셀로의 심리를 분석하면, 그가 데스데모나에게 무엇을 기대했는지 짐작할 수 있을 것이다.

그가 데스데모나에게 빠진 결정적인 이유는 그녀의 '동정심' 때문이었다.

이야기를 끝내자 그녀는 제 수난을 동정하여 깊은 한숨을 내쉬더군요. … 저 역시 제게 깊은 동정심을 보여준 그녀가 좋아졌습니다.(1.3)

이것은 그가 일곱 살 때부터 전쟁터에서 살았다는 것과 통한다. 그는 어머니의 사랑을 받지 못한 채 자랐던 것이다. 그런 그에게 데스데모나는 어머니의 이미지로 다가온다. 더구나 그는 많은 나이와 남과 다른 피부색이라는 콤플렉스를 가졌다. 그가 사람들에게 인정받은 가장 큰 이유는 그의 인생 자체가 한 편의 책과 같은 영웅담이었기 때문이다. 그것을 제외하고는 사람들에게 그는 '검둥이 무어인', '입술 두꺼운 놈', '도둑', '늙고 검은 숫양', '악마', '바버리산 말', '음탕한 무어 놈', '정처없이 떠돌아다니는 외국놈', '지옥의 귀신만큼이나 미운 놈'의 이미지로 새겨져 있다. 그 역시도 자신이 '시커먼 피부'에 '늙은' 사람이라는 걸 의식하고 있다. 이런 그에게 다가온 아름답고 청순한 데스데모나는 그의 모든 결핍을 채워주는, 말 그대로의 어머니와 같은 존재다.

따라서 그가 데스데모나와 나누는 사랑은 열정적이라기

보다는 안정과 평안을 주는 것이다. 그의 일생은 위험과 시련 뿐이었기 때문이다. 그가 사이프러스에서 만난 데스데모나에게 하는 다음 말을 들어보라.

먼저 도착한 당신을 보니 놀랍기도 하지만 무척 기쁘오. 아, 이 기쁨! 폭풍이 휘몰아친 뒤에 이 같은 고요가 온다면, 송장이 눈을 번쩍 뜰 정도로 바람이 불어도 좋겠소. … 이상하게도 운명이 이같이 계속되는 만족감을 앞으로 두 번 다시 가져다주지 못하리라는 느낌이 드는구려. … 이, 이 가득 찬 만족감을 어떻게 표현해야 할지 몰라 이 가슴에 가득 차 있습니다(And this, and this, the greatest discord be that e'er our hearts shall make!).(2.1)

여기서 폭풍 뒤에 찾아온 고요는, 오랜 전쟁의 폭풍 끝에 만난 고요한 사랑을 뜻한다. 오셀로가 바라는 사랑은 바로 이런 것이다. 어릴 적 잃어버린 어머니 품과 같은 사랑, 말이다. 그런 만큼 그가 데스데모나에게 거는 기대는 엄청나다. 전 생에 걸친 결핍감을 충족할 사랑이어야 하니까. 그러나 그의 뿌리 깊은 결핍감은 행운처럼 다가온 사랑을 불안하게 만든다. 그는 온 가슴을 가득 채운 만족감을 맘껏 누리지 못하여 더듬거린다. 언제 이 사랑이 끝날까 늘 조심스럽다. 그러면 그럴수록 그는 더더욱 완벽한 사랑을 갈구한다. 그의 사랑은 그만큼 극단적이다. 데스데모나의 아버지 브라반쇼가 "아비를 기만

한 년이 남편인들 속이지 못하겠는가?”라고 하자, 그는 이렇게 말한다. “그녀의 정절에 이 목숨을 걸겠습니다!” 카시오의 복직을 청하는 데스데모나를 보내면서는 이렇게 말한다. “참으로 귀여운 것! 당신을 사랑하지 않는다면, 난 지옥으로 떨어지고 말 거야! 그리고 내가 당신을 사랑하지 않게 될 때 이 세상은 암흑천지가 될 거야.”(3.3) 이것이 그의 사랑이다. ‘목숨’, ‘지옥’, ‘암흑천지’라는 극단적인 표현의 반대말인 사랑, 이것은 실로 섬뜩한 사랑이다.

오셀로가 데스데모나에게 느끼는 사랑의 감정이 그저 한 여인에게 느끼는 사랑 정도가 아니라는 점을 가장 잘 보여주는 표현은 다음과 같다.

거기, 네 가슴속에 내 마음을 간직해 두지 않았는가. 내가 죽고 사는 일도 바로 거기에 달려 있다. 그 샘에서 내 생명의 줄기가 흘러나오고 그 샘이 없으면 이 목숨은 메말라버리는 거다.(4.2)

데스데모나는 그의 생명의 샘이었던 것이다. 그의 목숨이 비롯되는 곳, 그곳에 자기 마음을 고이 간직해 두었다. 그 마음을 고스란히 담아놓은 것이 바로 이 손수건이다. 이 손수건을 잃어버렸다는 것은, 그에게 움직일 수 없는 부정의 증거가 된다. 그리고 그것은 어미에게 버림받은 새끼와 같은 배신감이다. 그의 생명의 원천이 오염된 것이다. 게다가 그 손수건을 카시오가 가지고 있는 것을 보았으니, 그는 카시오라는 새파란 젊은이에게 어미를 빼앗긴 나이 들고 시커먼, 그 큰 결핍감에 휩싸인 채 홀로 전쟁터를 떠돌던 외톨박이로 다시 내동댕이쳐진 꼴이 되어버렸다.

내 얼굴색이 검고 한량들같이 고상한 교제술에 능하지 않다고 해서, 혹은 내 나이가 이미 기울어지고 있다고 해서 데스데모나는 돌아서 버린 것이다. 나는 모욕을 당했어. 데스데모나를 증오하는 길만이 나를 구제하는 것이다. 아, 저주받은 결혼이여! … 이마에 뿔이 난다는 이 재앙은 어머니 태 안에서 생명이 꿈틀거릴 때부터 정해진 운명이다.(3.3)

이제 데스데모나의 생명의 샘은 더 이상 없다. "그 샘을 더러운 두꺼비의 알을 까는 웅덩이로 만들어버리다니!"(4.2) 결국 손수건의 분실은 자신을 있게 한 순결한 자궁이 더러운 웅덩이로 변질되는 결정적인 계기이자, 안락한 어머니의 품에서 다시 튕겨 나와 결함투성이의 상태로 되돌아가는 좌절 자체라 하겠다. 그리고 여기에는 그의 뿌리 깊은 결핍감, 즉 어머니의 상실에서 오는 근원적인 콤플렉스가 치명적으로 작용하고 있다.

사랑하기 때문에 죽이다

−보석으로, 기념비로, 희생양으로

이제 그의 눈에 데스데모나는 음탕한 아내, 바람피우느라 자식을 버린 여인으로밖에는 보이지 않는다. 그의 사랑이 절대적이었기에 그 배신감 또한 절대적이다. 어떤 얘기로도 만회할 수 없다. 그의 질투를 잘 보여주는 두 가지 사례를 보면 그의 상태를 짐작할 수 있다.

오셀로: 손을 이리 주시오. 손이 촉촉하구려.

데스데모나: 이 손은 아직 나이도 어리고, 슬픔도 알지 못하거든요.

오셀로: 이건 사랑이 넘치고 마음이 관대하다는 뜻이라오. 뜨겁디뜨겁고, 촉촉한 손. 이 손은 아예 자유를 버리고 단식과 기도를 하며, 자신을 채찍질하고 경건하게 예배에만 헌신해야 할 손이오. 이런 손에 걸핏하면 젊고 다정다감한 악마가 깃들여서 배반을 유도하거든. 관대하고 좋은 손이긴 하오.

데스데모나: 그렇고말고요. 제 마음도 이 손으로 드렸죠.

오셀로: 관대한 손이오! 옛날에는 마음이 서로 통할 때라야만 손을 내밀었건만, 요즘 사람들은 마음도 없이 그저 손만 내밀지.(3.4)

여기서 오셀로가 말하는 '촉촉한 손'이란 음탕하다는 뜻이다. 그 손이 관대하다는 것은 아무에게나 손(몸)을 허락하는 타락한 여인으로 데스데모나를 단정하고 있음을 보여준다.

오셀로: 저 여자에게 볼일이 있소?

로도비코: 누가요? 제가요?

오셀로: 당신이 불러달라고 하지 않았소? 이 여자는 부르는 대로 몇 번이고 돌아서고 돌아서고, 다시 돌아설 수 있습니다.(4.1)

이제 오셀로의 눈에 데스데모나는 아무나 부르면 부르는 대로 돌아서는 여인, 누구나 건드릴 수 있는 창녀로 전락했다. 그러면서도 그는 그의 사랑이 완성되기를 바란다. 살아 있는 데스데모나로는 그것이 불가능하다. 해결책은 하나뿐, 그녀가 죽어줘야 한다. 처음 그는 그녀를 찔러 죽이려고 했다. "부정으로 더럽혀진 네 잠자리를 부정한 피로 물들여줄 테다."(5.1) 그러나 그것은 영원한 사랑의 대상을 훼손하는 짓이다. 그리하여 그는 죽임의 방법을 바꾼다.

그러나 네 피를 흘리게 할 수는 없다. 눈보다 희고 대리석처럼 매끄러운 너의 피부에 상처를 낼 수는 없다. 그러나 너는 죽어야 한다. … 죽어도 이대로 있어다오. 나는 너를 죽이고 나서 너를 껴안을 것이다.(5.2)

이제 그녀는 차가운 대리석상이 되어야 한다. 그녀의 뜨겁고 촉촉한 손은 차갑고 건조한 손이 되어 영원할 것이다.("싸늘하고 싸늘한 당신! 당신의 정조도 이러하거늘"(5.2)) 그러면 그가 꿈꾼 완벽한 사랑은 영원할 수 있다. 말 그대로 '사랑하기 때문에 죽'이는 것(5.2)이다. 그는 왜 내가 죽어야 하느냐고 항변하는 데스데모나에게 말한다. 이 일은 단순한 살인 행위가 아니라고, '희생물을 바치는 일'(5.2)이라고. 졸지에 그녀는 그의 사랑의 제단에 올리는 거룩한 희생물로 둔갑한다. 영문도 모른 채, 남자 하나 잘못 만난 덕분에.

데스데모나를 죽이고 나서 오셀로는 울부짖는 에밀리아에게, '그녀가 정숙한 아내였다면, 비록 하느님이 보석으로 완전무결한 세계를 또 하나 만들어준다 했어도 나는 데스데모나와 바꾸지 않았을 것'이라 말한다. 또 자살하기 직전에 로도비코에게는 자신을 일컬어 이렇게 말한다. "그의 종족 전체보다도 더 귀한 진주를 어리석은 인도인처럼 스스로 내던진 사나이였노라"(5.2)고. 그렇다. 그는 데스데모나가 보석이기를 바랐다. 그렇게 차가우면서도 영롱하게 늘 자기 곁에 머물러주기를 바랐다.

데스데모나의 가장 큰 잘못은, 그녀가 살아 있는 사람이었다는 점이다. 누구보다 콧대 높고 누구보다 오만하게 활력 넘치는 그녀였기에, 모든 것을 그녀에게 바친 사나이에게는 늘 불안한 존재였다. 그 보석 같은 아내를 영원히 소유하고 싶은, 어떤 경우에도 실현 불가능한 꿈을 꾸었던 사내는 뜨겁고 촉촉한 생명을 제거하여 차갑고 매끈매끈한 대리석, 보석 같은 아내, 언제나 순결한 아내를 만들어 영원히 소유하고자 한 것이다. 그의 사랑의 제단에 그녀를 희생양으로 바친 것이다. 아, 뒤틀린 사랑이여.

남는 문제, 그 알량한 '남자다움'

이제 나는 이 작품에서 엿볼 수 있는 왜곡된 남성상을 짚어보고자 한다. 셰익스피어의 많은 작품들이 뒤틀린 남성성을 보여주지만, 이 작품만큼 그 놈의 '남성다움'이 어디까지 가는가가 훤히 드러나는 작품도 드물 것이다. 이를 위하여 오셀로의 인생역정을 거칠게나마 다시 짚어보자.

그는 일곱 살 적부터 전쟁터에서 살았다. 그렇게 어머니를 잃어버린 것이다. 당연히 모성애에 굶주린 삶을 살았을 것이다. 게다가 그는 흑인인 무어인이다. 전쟁터에서만 살았기에 제대로 된 교육을 받지도 못했다. 말주변이 없고 사교에 능하지 못할 것은 불문가지다. 그러나 그는 많은 사람들에게 존경받는다. 작품 전체를 통틀어 그를 싫어하는 사람은 딱 셋뿐이다. 사랑하는 여인을 빼앗긴 로더리고, 생트집을 잡아 파멸로 이끄는 이야고, 그리고 딸을 빼앗긴 아버지 브라반쇼. 그 중 로더리고와 브라반쇼가 미워하는 것은 충분히 이해가 된다. 그렇다면 별 근거 없이 질투하는 이야고를 제외하고는 오셀로를 미워하는 사람은 아무도 없는 셈이다. 그가 그렇게 많은 사람들에게 존경의 대상이 된 이유는 단 하나, 그가 전쟁 영웅이기 때문이다. 나아가 그의 실력은 여전히 베니스 사회에 절실히 필요하다. 이렇게 볼 때, 오셀로는 그의 나이, 피부색, 어눌한 말주변 따위를 능히 가리고도 남을 실력을 갖춘 호걸이라 할 만하다.

그러나 별 흠이 아니라고 생각했던 피부색, 나이, 언변이 정작 세상에서 가장 사랑하는 데스데모나 앞에서는 크나큰 흠이 된다. 그도 그럴 것이 데스데모나는 빼어난 미모에 넘치는 활력과 오만하기조차 한 자신감을 가진 젊은 여성이다. 이런 여성이 그토록 많은 결함을 가진 자신을 동정하고 사랑해 주다니. 오셀로가 가진 크나큰 명예도 그녀가 가진 장점과는 도무지 비교할 수 없다, 고 그는 생각한다. 그러면 그럴수록 그녀는 그에게 절대적인 존재로 부각된다. 전쟁터에서는 그토록 강인하던 사나이, 결단력 넘치고 판단력이 탁월했던 사나이가 그녀 앞에만 서면 그리도 작아지는 것이다. 이제 그녀는 그의 삶의 원천, 생명의 줄기다. 그는 전쟁터에서의 모든 명예를 접고, 그녀와 더불어 고요한 평안을 누리고자 간절히 바란다. 그러는 사이, 그가 가지고 있던 '남성'은 어느새 소멸하고 만다. 데스데모나의 말이라면, 그 무엇이라도 들어주고 싶어졌다. 전쟁터에 같이 가고 싶다는 소망까지도, 의원단에게 애절한 마음으로 호소하여 관철할 정도다. 이제 그녀는 가히 어머니 같은 존재다.

그러나 이 절대화한 사랑은 털끝만한 허점도 용납하지 않으려 한다. 그녀는 무조건 그의 마음속에 그려진 상으로 머물러야만 한다. 이 나이 들고 쓸데없이 힘만 센 시커먼 사내는 아내의 일거수일투족을 장악하고자 한다. 그의 아내는 약간의 흠도 나서는 안 되는, 세상에서 가장 소중한 보석이어야 한다. 그리하여 그의 귀는 이야고에게 일방적으로 열린다. 너무나 사랑하기에 너무나 쉽게 오해한다. 이것은 사랑이 아니라 집착, 지독한 소유욕이다. 사람으로서는 어느 경우에라도 충족시킬 수 없다. 그래서 그녀는 졸지에 창녀, 갓난아이를 버린 화냥년이 되고 만다. 그리고 죽어서 그의 욕망을 채워주는 대리석 상이 되어버렸다. 아울러 이것이, 그가 잃어버린 남성성, 전쟁 영웅다움을 회복하는 유일한 길이기도 하다.

그가 아내를 죽일 때 그 이유로 든 것 중에는 뜻밖에도 이런 게 있다.

그러나 너는 죽어야 한다. 살려두면 더 많은 남자들을 배신할 게 아닌가.(5.2)

이 얼마나 얼토당토않은 구실인가, 자기 질투심에 미쳐 죽이면서 뜬금없이 수많은 남자들을 들먹이다니! 그러나 이것이 바로 그(아니면 우리)의 '남성성'이다. 그는 데스데모나를 완전히 소유함으로써 잃어버린 남성성을 회복했고, 드디어 이

전처럼 전체 남성을 대표하는 본래 모습으로 되돌아갔다. 데스데모나를 죽이기 이전의 오셀로와 이후의 오셀로를 비교해 보라. 판이하게 다르다. 거침없고, 신속하게 판단할 줄 알게 되었다. 처음부터 그랬더라면 하는 아쉬움이 남지만, 그러나 그것은 불가능하다. 아내를 죽여 영원히 소유함으로써 비로소 그의 남성성을 회복했기 때문이다.

이것이 바로 왜곡된 남성성의 모습이다. 완전히 소유해야만 발휘되는 남성성이라면, 그것을 진정한 남성다움이라고 할 수 있을까? 타인을 소유하고자 하는 것은, 사실은, 소유당하고자 하는 욕망이기도 하다. 오셀로가 데스데모나를 완전히 소유하려 했지만, 실제로 그가 바란 것은 데스데모나가 자기만을 소유해 주는 것이었다. 그것이 실패했고, 그러자 죽여서라도 소유하려 한 것이다.

〈문제〉 다음 제시문은 오셀로와 데스데모나의 사랑과 갈등, 그리고 파국의
과정을 보여주고 있다. 제시문 (4)의 그림을 참조하여 이 사랑의 문
제점을 지적하고, 바람직한 사랑에 대한 자기 견해를 논술하라.

(1) 그녀의 아버지는 저를 아껴주셨습니다. 가끔 저를 초대하
여 제 신상에 관한 이야기, 그동안 겪어온 전투, 포위작전, 갖
가지 행운에 관한 이야기들을 듣고 싶어했습니다. 그래서 전
소년시절 이야기에서부터 그가 얘기해 달라고 청하는 바로 그
순간까지의 체험을 남김없이 들려드렸지요. 예컨대 무시무시
했던 모험담, 바다와 육지에서 일어났던 놀라운 사건들, 생사
를 걸고 성벽을 뚫고 나오다 위기일발로 죽음을 면한 이야기,
무례한 적의 포로가 되어 노예로 팔려갔다가 보상금을 물고
풀려났던 이야기, 방랑하는 동안 겪었던 체험담, 거대한 동굴
과 불모의 사막, 깎아지른 듯한 낭떠러지, 하늘까지 닿을 듯한
산과 봉우리 등 모든 이야기를 해드렸지요. 저의 마술이란 바
로 이것이었습니다. 이야기는 그뿐만이 아니었어요. 서로 뜯
어먹는 식인종 앤드로포파자이족에 관한 이야기도 데스데모
나는 언제나 열심히 들었습니다. 이따금 부엌일 때문에 자리

를 비워야 했을 때에도, 재빠르게 해치우고 곧장 돌아와선 제 얘기에 다시 귀를 쫑긋 세우고 정신없이 듣곤 했습니다. 전 그 것을 눈치 채고 적당한 기회를 엿보아 그녀 쪽에서 더욱더 열 을 올리도록 유도했지요. 그랬더니 그녀는 지나온 방랑 이야 기를 단편적으로 하지 말고 전부 정리하여 차근차근 해달라 고 조르는 것이었습니다. 저는 그 간청을 받아들였죠. 젊은 시 절 겪었던 괴로움과 비참한 사건 등을 이야기함으로써 여러 번 소녀의 눈물을 자아내게 했습니다. 이야기를 끝내자 그녀 는 제 수난을 동정하여 깊은 한숨을 내쉬더군요. 너무나 신기 한 일이라느니, 상상도 못할 얘기라느니, 또 너무나 마음 아픈 일이라고도 말했습니다. 차라리 듣지 않았으면 좋았을 걸 하 다가도, 하늘이 자기에게 그런 사람을 내려주었으면 좋겠다고 도 말했습니다. 그녀는 제게 고마워했습니다. 제 친구 가운데 자기를 사랑하는 사람이 있다면, 그 친구에게 이야기하는 법 만 가르쳐준다면 자기 마음을 송두리째 차지할 수 있을 거라 고도 말했습니다. 은근한 이 암시에 저는 용기를 얻어 말했죠. 그녀는 그 숱한 위험을 이겨낸 저를 사랑해 주었습니다. 저 역 시 제게 깊은 동정심을 보여준 그녀가 좋아졌습니다. 이것이 제가 사용한 유일한 마술입니다.

(2)

오셀로: 콧물이 나와 죽겠군. 손수건 좀 주시오.

데스데모나: 여기 있어요.

오셀로: 내가 당신에게 선물한 그 손수건을 주구려.

데스데모나: 없는데요.

오셀로: 없다고?

데스데모나: 네, 정말 없어요.

오셀로: 그건 안 될 말이오, 데스데모나. 그 손수건은 이집트 여자가 어머니께 준 것이란 말이오. 그 여자는 마술사였는데 사람의 마음을 꿰뚫어볼 수 있었지. 한번은 어머니께 이렇게 말했소. 이 손수건을 갖고 있는 동안은 아내는 사랑을 받고 남편의 애정을 독차지할 수 있지만, 일단 잃어버리거나 남한테 주게 되면, 남편의 미움을 사게 되고 남편은 외도를 하게 된다고 말이오. 어머니는 돌아가실 때 그것을 나에게 주면서 결혼하게 되면 아내에게 주라고 하셨지. 그대로 한 셈이오. 그러니 그 손수건을 조심하시오.

    …

    그 명주실을 뽑아낸 것은 거룩한 누에고 그 실오라기는 사계의 도사가 처녀의 심장에서 뽑아낸 비약으로 염색한 것이었소.

(3) 모두가 너의 죄 때문이다, 너의 죄 때문이야. 순결한 별들이여, 다시는 이 일을 입 밖에 내지 않도록 해다오! 너의 죄 때문이다. 그러나 네 피를 흘리게 할 수는 없다. 눈보다 희고 대

리석처럼 매끄러운 너의 피부에 상처를 낼 수는 없다. 그러나 너는 죽어야 한다. 살려두면 더 많은 남자들을 배신할 게 아닌가. 먼저 등불을 끄자. 그러고 나서 저 생명의 불을 끄자. 그러나 등불이여, 너의 불을 끄고 나서도 끈 것이 후회스러우면 다시 켤 수도 있지만 정교한 자연의 조화인 아름다운 너의 육체의 불은 한 번 꺼지면 다시 켤 수 없구나. 너의 불꽃을 다시 켤 수 있는 프로메테우스의 불을 찾아 나는 어디를 헤매야 한단 말인가. 한 번 꺾어버린 장미는 다시 되살릴 수 없다. 시들어버리는 운명을 맞게 되는 것이다. 나무에 붙어 있는 동안 향기를 맡도록 하자. (입을 맞춘다) 아, 달콤한 입김이여, 정의의 칼자루를 꺾게 만드는구나! 한 번만 더, 한 번만 더 입을 맞추자. 죽어도 이대로 있어다오. 나는 너를 죽이고 나서 너를 껴안을 것이다. 한 번만 더, 이번이 마지막이다. 이토록 아름다우면서 이토록 죄 많은 여인이 또 있을까? 눈물을 억누를 수 없구나. 가혹한 눈물이로다. 아, 이 거룩한 슬픔이여, 사랑하기 때문에 죽여야 하다니.

(4)

그림

— 르네 마그리뜨, 〈이것은 파이프가 아니다〉

* 인터넷에서 찾아보세요. 본책에는 저작권 문제로 싣지 않습니다.

다락원 명작노트 036

오셀로

펴낸이 정효섭
펴낸곳 (주)다락원

초판 1쇄 인쇄 2007년 4월 20일
초판 1쇄 발행 2007년 4월 27일

책임편집 안창열, 김지영
디자인 손혜정, 박은진
번역 홍수원
삽화 손창복

다락원 경기도 파주시 교하읍 문발리 509-1
Tel:(02)736-2031 Fax:(02)732-2037
(내용문의: 내선 520/구입문의: 내선 113~114)
출판등록 1977년 9월 16일 제300-1977-23호

Copyright © 2007, 다락원

출판사의 허락 없이 이 책의 일부 또는 전부를
무단 복제·전재·발췌할 수 없습니다.
잘못된 책은 바꿔 드립니다.

값 8,500원

ISBN 978-89-5995-151-2 43740

영어 독해력 증강 프로그램
행복한 명작 읽기

〈행복한 명작 읽기〉는 기초가 약한 영어 초급자나 초, 중, 고 학생들이 보다 즐겁고 효과적으로 명작들을 읽으며 독해력을 키울 수 있도록 개발된 독해력 증강 프로그램입니다.

책의 특징

1 골라 읽는 재미가 있다. 초보자를 위한 350단어 수준에서 중고급자를 위한 1,000단어 수준까지 5단계 구성.

2 단계별로 효과적인 영어 읽기 요령과 영문 고유의 참맛을 느낄 수 있는 장치가 곳곳에.

3 읽기만 해도 영어의 키가 쑥쑥 – 해석을 돕는 돼지꼬리(‿), 영어표현 및 문법 설명, 퀴즈가 왕창.

4 체계적인 듣기 학습까지. 전문 미국 성우들의 생동감 넘치는 원음을 담은 오디오 CD 제공.

국판 | **Grade 1, 2, 3** 각권 6,000원
(오디오 CD 1개 포함)

Grade 4, 5 각권 7,000원
(오디오 CD 1개포함)

*어린왕자 8,000원
(오디오 CD 2개 포함)

**고도를 기다리며 9,000원
(오디오 CD 2개 포함)

✖ 왕초보 기초다지기 ✖

쉬운 영문을 통해 영어 독해에 대한 막연한 두려움을 없앤다.

Grade 1 · Beginner · 350 words

1 미녀와 야수
2 인어공주
3 크리스마스 이야기
4 성냥팔이 소녀 외
5 성경 이야기 1
6 신데렐라
7 정글북
8 하이디
9 아라비안 나이트
10 톰 아저씨의 오두막

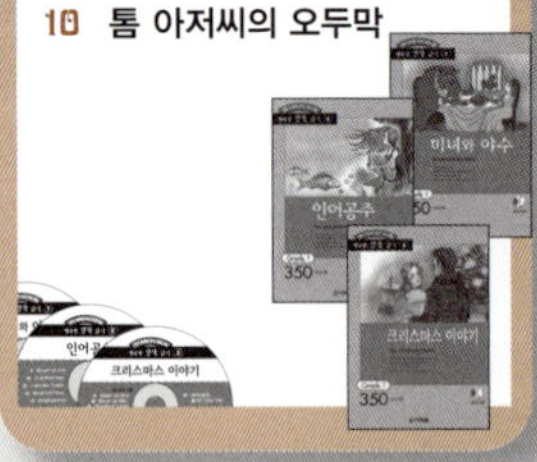

Grade 2 · Elementary · 450 words

11 이솝 이야기
12 큰 바위 얼굴
13 빨간머리 앤
14 플랜더스의 개
15 키다리 아저씨
16 성경 이야기 2
17 피터팬
18 행복한 왕자 외
19 몽테크리스토 백작
20 별 | 마지막 수업

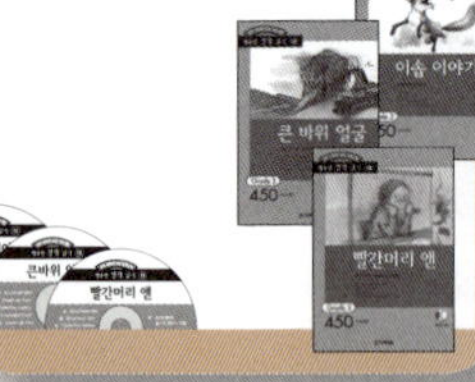

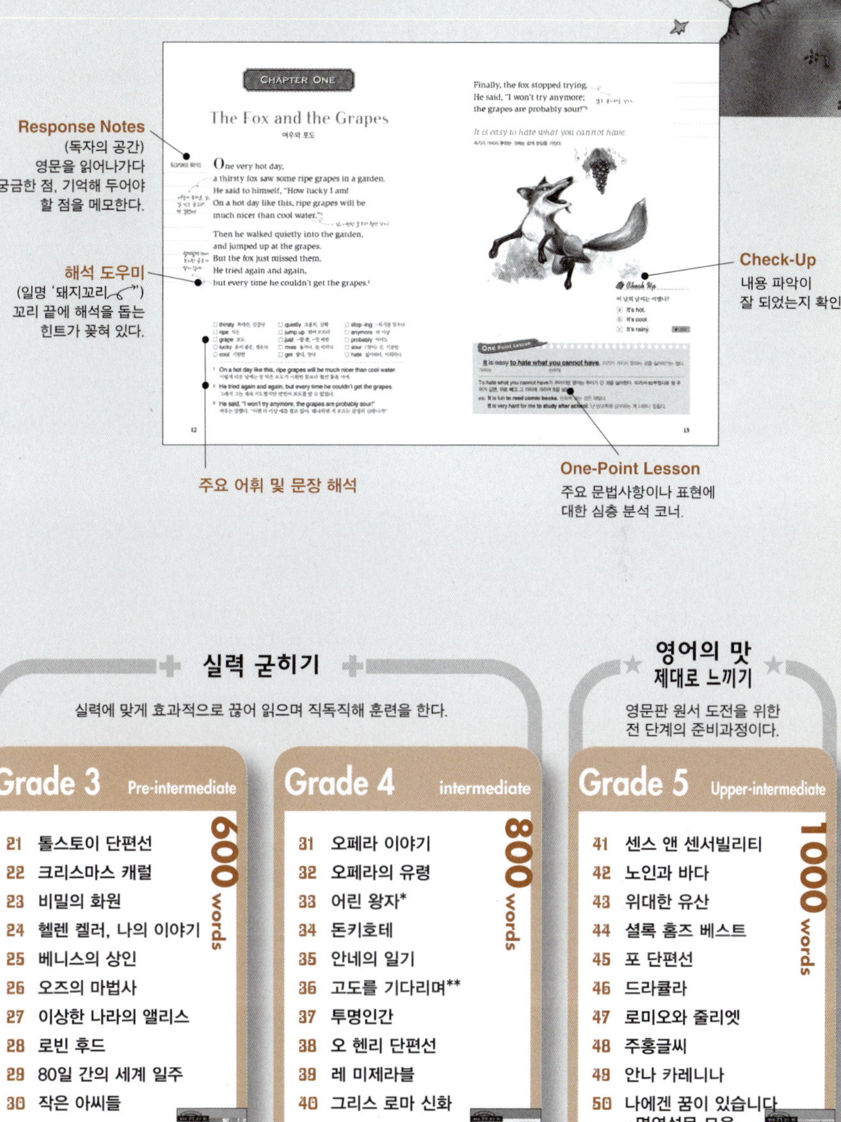

Response Notes
(독자의 공간)
영문을 읽어나가다
궁금한 점, 기억해 두어야
할 점을 메모한다.

해석 도우미
(일명 '돼지꼬리')
꼬리 끝에 해석을 돕는
힌트가 꽂혀 있다.

주요 어휘 및 문장 해석

Check-Up
내용 파악이
잘 되었는지 확인.

One-Point Lesson
주요 문법사항이나 표현에
대한 심층 분석 코너.

실력 굳히기

실력에 맞게 효과적으로 끊어 읽으며 직독직해 훈련을 한다.

영어의 맛 제대로 느끼기

영문판 원서 도전을 위한
전 단계의 준비과정이다.

콕콕 찍어 들려주는 명작 리스닝 시리즈 [전20권]

세계 명작소설을 쉽게 고쳐 쓴 중·고생용 학습 교재. 독해와 함께 청취력 향상을 위해 전 내용을 녹음하고, 매 페이지에 리스닝 포인트를 두어 한국인이 듣기 어려운 부분은 또박또박한 발음으로 반복해 들려준다. 권말에는 영어듣기 테스트를 수록해, 입시에서 점점 비중이 높아지는 듣기시험에 대비하도록 했다.

□ 각 권 4·6판 / 140면 내외
□ 정가: 각 권 5,800원 (테이프 2개 포함)

① 이상한 나라의 앨리스 / 백설공주와 일곱 난쟁이
Alice's Adventures in Wonderland / Snow White and the Seven Dwarfs

② 이솝 우화
Aesop Fables

③ 그림 동화집 / 잭과 콩나무
Grimms Fairy Tales / Jack and the Beanstalk

④ 재미있는 이야기 / 미녀와 야수
Famous Stories / Beauty and the Beast

⑤ 알라딘과 요술램프 / 이른 아침의 살인
Aladdin and the Magic Lamp / Dead in the Morning

⑥ 오즈의 마법사 / 흑마 이야기
The Wonderful Wizard of Oz / Black Beauty

⑦ 걸리버 여행기 / 쉽게 번 돈
Gulliver's Travels / Fast Money

⑧ 거울 속의 앨리스 / 정원
Through the Looking Glass / The Garden

⑨ 피터 팬
Peter Pan

⑩ 큰 바위 얼굴 / 크리스마스 선물 / 알리바바와 40인의 도적들
The Great Stone Face / The Christmas Present / Ali Baba and the Forty Thieves

⑪ 돈키호테 / 헨리 포드 이야기
Don Quixote / Tin Lizzie

⑫ 로빈 후드 / 어느 병사의 죽음
Robin Hood / Death of a Soldier

⑬ 신문 배달 소년 / 긴 터널 / 몰리의 순례자
Newspaper Boy / The Long Tunnel / Molly Pilgrim

⑭ 언덕 위의 집 / 헤라클레스
The House on the Hill / Hercules

⑮ 우주 도시로의 여행 / 요술 정원
Journey to Universe City / The Magic Garden

⑯ 마르코 폴로 / 크리스토퍼 콜럼버스 / 올리버 트위스트
Marco Polo / Christopher Columbus / Oliver Twist

⑰ 삼총사 / 레슬러
The Three Musketeers / The Wrestler

⑱ 불의 전차
Chariots of Fire

⑲ 런던 경시청 이야기 / 아서 왕
The Story of Scotland Yard / King Arthur

⑳ 도난당한 편지 / 붉은 머리 사교회 / 트래버스 씨의 첫사냥
The Stolen Letter / The Society of Red-Headed Men / Mr. Travers First hunt

패턴 따라 쉽게 쓰는 틴틴 영어일기 1, 2

❶ 일상생활 패턴정복
❷ 학교생활 패턴정복

중학교에 다니는 여학생과 남학생이 각각 일상생활과 학교생활을 중심으로 1년간의 일을 쉽고 재미있게 쓴 영어일기. 중학생이라면 누구나 한번쯤 겪어봤을 만한 일들을 바탕으로 한 다양한 일기 소재와 어휘가 제공되어 있기 때문에, 영어일기를 통해 영작을 연습하려는 학습자에게 큰 도움이 될 수 있는 교재이다. 중·고생뿐만 아니라, 중학 영어를 미리 예습하려는 예비 중학생들에게도 아주 효과적인 영어 학습서로 강추!

▫ 정미선 지음 / 4·6배 변형 / 192면
▫ 정가 10,000원 (오디오 CD 1개 포함)

Teen Teen Diary (전3권)

❶ 매일 10단어로 뚝딱 중학생 영어일기

중1 수준의 어휘와 문장으로, 영어일기와 일상회화에 대한 감각을 익힌다.

▫ 정미선 지음 / 신국판 / 144면
▫ 정가 7,500원 (테이프 1개 포함)

❷ 매일 5문장으로 술술 중학생 영어일기

중2 수준의 어휘와 문장으로, 영어일기에 친숙해지고 자신감을 쌓는다.

▫ 정미선 지음 / 신국판 / 152면
▫ 정가 7,500원 (테이프 1개 포함)

❸ 매일 내맘대로 쓱싹 중학생 영어일기

중3 수준의 어휘와 문장으로, 중학영어를 마스터하고 미국의 일상회화에 익숙해진다.

▫ 정미선 지음 / 신국판 / 144면
▫ 정가 7,500원 (테이프 1개 포함)

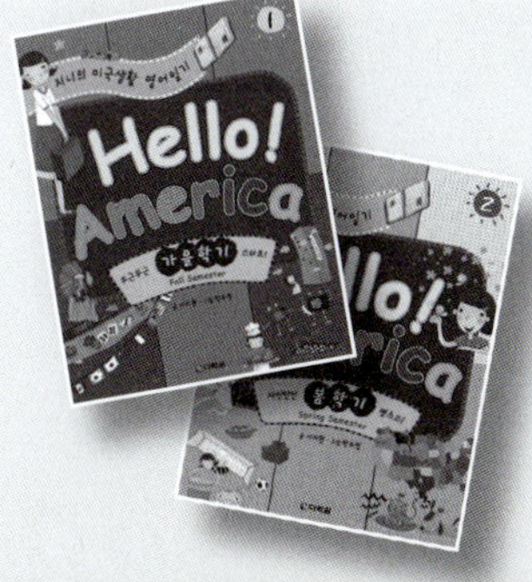

지니의 미국생활 영어일기 Hello! America (전2권)

❶ 가을학기   ❷ 봄학기

어느 한국 여학생의 미국생활 이야기를 일기 형식으로 담은 책. 1권은 '가을학기', 2권은 '봄학기'편으로, 총 1년간의 미국 학교생활 및 일상생활에 관한 흥미로운 이야기들이 담겨 있다. 미국 학생들의 실생활을 바탕으로 한 탄탄한 스토리로 살아 있는 현지 영어와 미국문화를 체험할 수 있을 뿐만 아니라, 영어 독해 및 영작 연습을 할 수 있는 아주 유용한 교재이다.

▫ 이지현 지음 / 국배판 변형 / 152면
▫ 정가 8,500원

Notes

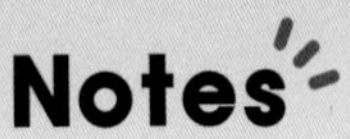

 Notes

Notes